劳动教育（第2版）

LAODONG JIAOYU

主　编　张福利
副主编　黄　涛　陈加新　李敏清　于小玲
编　者　曹　晶　曾　望　雷奕璐

西安交通大学出版社
XI'AN JIAOTONG UNIVERSITY PRESS

图书在版编目(CIP)数据

劳动教育 / 张福利主编. -- 2 版. -- 西安:西安交通大学出版社,2024.11. -- ISBN 978-7-5693-1926-2

Ⅰ.G40-015

中国国家版本馆 CIP 数据核字第 2024VT9794 号

书　　名	劳动教育
主　　编	张福利
策划编辑	王斌会
责任编辑	张　娟
责任校对	白　露
装帧设计	伍　胜
出版发行	西安交通大学出版社
	(西安市兴庆南路1号　邮政编码 710048)
网　　址	http://www.xjtupress.com
电　　话	(029)82668357　82667874(市场营销中心)
	(029)82668315(总编办)
传　　真	(029)82668280
印　　刷	陕西金和印务有限公司
开　　本	787mm×1092mm　1/16　印张 14　字数 219 千字
版次印次	2024 年 11 月第 1 版　2024 年 11 月第 1 次印刷
书　　号	ISBN 978-7-5693-1926-2
定　　价	45.00 元

如发现印装质量问题,请与本社市场营销中心联系。

订购热线:(029)82665248　(029)82667874

投稿热线:(029)82668525

版权所有　侵权必究

作者简介

张福利,教授,博士研究生导师,湖南信息学院校长,国际工程心理学人机交互研究中心主任,俄罗斯外籍院士,民建中央教科委员会副主任,享受国务院特殊津贴专家,教育部大学生就业协会创新创业分会理事长兼学术委员会主任,教育部高校毕业生就业协会职业生涯教育分会学术委员会副主任,硅谷全球创业者学院名誉院长,中国创新创业创造50人成员,黄大年式教师团队负责人,湖南省芙蓉学者,辽宁省高层次领军人才,辽宁省百千万人才工程百层次人才,CEEAA专家委员会专家、*New Engineering Technology*杂志主编。

张福利教授主要研究方向为创新创业教育、生物医学工程、应用机器人及新能源汽车轻量化,研究成果获得科技部国家重点推广新产品一等奖、省部级科技进步奖、省部级技术发明奖等。设计开发了中国第一台心脏机器人、眼科手术机器人和蔬菜自动种植机器人,取得了核心技术突破,填补了国际相关研究的空白。先后承担省部级及以上课题60余项,在*Journal of Cleaner Production*、*Sustainable Cities and Society*等期刊发表高水平文章100多篇。张福利教授先后荣获中国产业经济行业十大杰出创新人物、全国高等学校创业教育工作先进个人、国家级学会教学成果一等奖、省级教学成果一等奖、省级优秀科技工作者等荣誉。

他的很多教育思想引起了中国教育者的深思,"越是顶尖的学校,越是愿意花费时间和精力在学生身上""大学的荣誉,不在于它的校舍和人数,而在于它培养的一代又一代人的质量"。他经常和大家分享这句话:"当老师的你,生命中会遇到很多学生,每一个学生对你而言,只不过是众多学生中的一个。然而,对于学生来说,你却是他生命中遇到的有限的老师,你将是开启他万千世界的人。若爱,请深爱;若教,请全力以赴。"

序

1958年12月我出生于鞍钢矿业齐大山铁矿矿区。1977年从矿区参军，1980年在部队光荣地加入中国共产党。1982年复员到鞍钢矿业齐大山铁矿工作至今。从2001年被评为鞍钢精神文明标兵到现在，国家和组织给了我很多荣誉：全国五一劳动奖章、全国道德模范、全国优秀共产党员、"当代雷锋"、"改革先锋"、"最美奋斗者"等。国家和社会的肯定，让我收获了光荣与幸福，但更多的是激励我以更多的热情与更负责的态度回馈社会，用自己的劳动和付出把幸福、阳光、思想带给更多人。

我的成长过程就是劳动的过程，劳动让我悟出了人生的道理、劳动的意义和深厚的家国情怀。劳动是一个人塑造人格的重要途径，对大学生个人发展也有重要作用：其一，劳动可以丰富学生的生活。劳动过程，特别是创造性劳动的过程，能够丰富大学生的学习生活，增强大学生的探究欲望与兴趣。其二，劳动有助于学生深化思维。思维的发展需要问题的激发，而劳动的过程，正是各种真实问题喷涌产生的最好场景。其三，劳动可以锤炼学生的意志。意志是个体在实践过程中，面对困难时所具有的保持持续热情和坚持不懈努力的心理特质，劳动有助于强大意志力的形成。其四，劳动有利于大学生团队协作能力的培养。团队协作能力是大学生适应未来合作工作场景的重要素养，劳动可以帮助学生提高沟通、协调能力，进而提高团队协作能力。其五，劳动有利于大学生明确责任。劳动是帮助大学生明确责任的重要途径。完成劳动任务是一种责任，劳动分工也是责任分解，而对劳动对象的负责、用心更是一种沉甸甸的责任和担当。其六，劳动有助于大学生理解生活。劳动使大学生主动应用书本所学、所思、所感去改造世界、感悟世界、理解生活。其七，劳动教育可以帮助大学生明确志向。

劳动教育最大的特点是来源于实践、服务于实践。新时代劳动教育具有综合性、实践性、探究性、创新性等基本特点，成为大学生发展兴趣、发现潜能、明确志向的最好平台。

在教材编写过程中，我们对劳动教育的理解进一步加深。这本教材立足立德树人，从培养德智体美劳全面发展的社会主义建设者和接班人出发，理论联系实际，突出创造性劳动的价值，并纳入了人工智能与未来劳动等相关内容，进一步更新和拓展了大学生对劳动的理解和认知。该教材适用于大中专院校教授劳动教育课程的教师和研修劳动教育课程的大学生。在此恳请广大师生对教材提出宝贵的意见和建议。

郭明义

2021 年 5 月 30 日

前　言

2020年,《中共中央 国务院关于全面加强新时代大中小学劳动教育的意见》(以下简称《意见》)和教育部《大中小学劳动教育指导纲要(试行)》(以下简称《指导纲要》)先后发布。《意见》提出,要充分认识新时代培养社会主义建设者和接班人对加强劳动教育的新要求,全面构建体现时代特征的劳动教育体系,广泛开展劳动教育实践活动,并着力提升劳动教育支撑保障能力。《指导纲要》明确指出,要将劳动课纳入人才培养全过程,丰富、拓展劳动教育实施途径,独立开设劳动教育必修课。党的二十大报告强调:"全面贯彻党的教育方针,落实立德树人根本任务,培养德智体美劳全面发展的社会主义建设者和接班人。"党和国家在新的历史时期,要求各级院校进一步重视和落实劳动教育工作,具有重大的历史和现实意义。

目前,一些高校对培养和提高学生劳动素质的重要性的认识还不够充分,对劳动教育还没有形成自觉意识,缺少全面和深刻的理解与把握,对开展劳动教育尚未形成系统的科学设计和有效的操作安排。虽然许多高校的劳动教育取得了一定的成果,但劳动教育仍然是高校教育的薄弱环节,还存在着劳动教育弱化、片面化、时代性不鲜明等问题。一些高校注重理论知识学习,但对学生劳动价值观的引导、劳动精神的培养、劳动习惯的养成等重视程度不够,劳动教育内容和形式还比较传统,没有为劳动教育注入新内涵,难以适应新时代对劳动教育的要求。受历史、社会、家庭、学校等多方面因素的影响,学生中还存在着劳动观念淡漠、不珍惜劳动成果等现象。有调查显示,虽然大部分学生能够认识到劳动的价值和重要性,有着正确的劳动价值观,但有的学生在涉及个人利益时却往往采取双重价值标准,难以做到知行合一。究其原因,既有传统思想观念的影响,也有现实社会环境的影响。

一些消极的传统劳动观念仍然是影响劳动教育开展的深层次因素,劳动教育推进机制的不完善也影响着高校劳动教育的开展。高校作为国家高级专门人才的培养基地,应深刻认识到:加强劳动教育,不仅关系到立德树人根本任务的实现,更关系到国家的发展和民族的未来。本教材编撰者2010年就开始了高校劳动教育研究和实践,一直提倡高校应该把劳动课设置为必修课,并推行了"学生全面管理校园"的劳动教育模式。《劳动教育》一书,正是编者顺应时代要求,为高校开展劳动教育课程提供的一本时代特征鲜明的实用教材。

其一,本教材以《意见》和《指导纲要》的各项要求为根本依据,确保了思想政治方向的正确性。2010年我国颁布的《国家中长期教育改革和发展规划纲要(2010—2020年)》明确规定:加强劳动教育,培养学生热爱劳动、热爱劳动人民的情感。2019年习近平同志在学校思想政治理论课教师座谈会上强调:"扎根中国大地办教育,同生产劳动和社会实践相结合,加快推进教育现代化、建设教育强国、办好人民满意的教育,努力培养担当民族复兴大任的时代新人,培养德智体美劳全面发展的社会主义建设者和接班人。"本教材始终围绕习近平新时代中国特色社会主义思想,并从课堂教学视角切实落实了《意见》和《指导纲要》的方针导向和具体要求,通过"深化劳动认识""提高劳动能力""劳动创造美好生活"三个篇章帮助学生逐步加深对劳动的认识,并引导学生将新时代劳动观有机融入他们的学习、生活及实习实训活动中,促进当代大学生在劳动态度、劳动情感、劳动人生观、劳动习惯、劳动知识、劳动技能等方面得到更好的发展。

其二,立足时代背景,体现新时代劳动教育的新特点、新要求。教材突出强调树立新时代劳动观、秉承新时代劳动精神,并为大学生介绍了劳动素养评价的科学方法,从而帮助学生真正认识到:劳动是财富的源泉,也是幸福的源泉。人世间的美好梦想,只有通过诚实劳动才能实现;发展中的各种难题,只有通过诚实劳动才能破解;生命里的一切辉煌,只有通过诚实劳动才能铸就。劳动创造了中华民族,造就了中华民族的辉煌历史,也必将创造出中华民族的光明未来。全社会要坚持社会公平正义,排除阻碍劳动者参与发展、分享发展成果的障碍，形成热爱劳动，以辛勤劳动为荣、以好逸恶劳为耻的氛围，使当代大学生实现体面劳动、全面发展。

其三，突出创造性劳动的重要性，有效推动我国创新发展进入新征程。本教材第六章，围绕如何立足创新与创造，提升大学生劳动能力，分析了创造性劳动的内涵、创造性劳动的特点、创造性劳动的类型，以及如何科学地开展创造性劳动。第六章的第二节还具体阐述了创造性劳动的实践途径，为大学生提供了切实可行的行动指南，具有极强的实践性和可操作性。

另外，教材第九章介绍了人工智能与未来劳动，进一步拓宽大学生的视野，拓展大学生对劳动的认识和理解。

总之，本教材在劳动思想认识的先进性、劳动教育知识的全面性、对创新性劳动的关注度以及劳动认识与劳动实践紧密结合程度等方面均进行了审慎的规划、设计和阐述。劳动教育作为必修课在我国尚处于起步阶段，本教材会结合后续的教学应用不断调整完善，欢迎使用本书的教师和学生提出宝贵意见和建议。

张福利

2024 年 7 月

目　录

绪论 ·· 1
 第一节　劳动教育的历史回顾 ·· 1
 第二节　新时代高校开展劳动教育的意义 ······································· 7

第一篇　深化劳动认识

第一章　树立正确的劳动观和择业观 ·· 13
 第一节　认识劳动 ·· 13
 第二节　劳动观 ··· 21
 第三节　新时代大学生择业观 ·· 29

第二章　秉承劳动精神、劳模精神、工匠精神、时代精神 ······················ 38
 第一节　秉承劳动精神 ··· 39
 第二节　秉承劳模精神 ··· 43
 第三节　秉承工匠精神 ··· 48
 第四节　秉承时代精神 ··· 52

第三章　劳动素养评价 ·· 63
 第一节　劳动素养的内涵 ··· 63
 第二节　大学生劳动素养评价的重要性 ·· 65
 第三节　大学生劳动素养评价体系 ··· 67

第二篇 提高劳动能力

第四章 立足专业学习 提升劳动能力 ... 87
第一节 潜心学习专业知识 夯实劳动能力根基 ... 87
第二节 务实开展实习实训 提升专业劳动能力 ... 99

第五章 立足全面发展 提升劳动能力 ... 108
第一节 人的全面发展观 ... 108
第二节 人的全面发展与劳动能力的关系 ... 112
第三节 立足全面发展 提升劳动能力的实践活动 ... 117

第六章 立足创新与创造 提升劳动能力 ... 146
第一节 大学生与创造性劳动 ... 146
第二节 创造性劳动的实践途径 ... 157

第三篇 劳动创造美好生活

第七章 劳动安全与劳动权益 ... 175
第一节 劳动安全 ... 175
第二节 劳动权益 ... 182

第八章 劳动与可持续发展 ... 191
第一节 可持续发展问题的提出及目标 ... 191
第二节 环境保护意识与责任 ... 194
第三节 大学生劳动生活与环境可持续发展 ... 197

第九章 人工智能与未来劳动 ... 202
第一节 人工智能的发展 ... 202
第二节 未来劳动 ... 208
第三节 人工智能时代劳动教育的重要性 ... 210

绪 论

第一节 劳动教育的历史回顾

劳动教育最早起源于上古时期,最初只是为了生存发展而产生的一种教育现象。随着时代的发展,人们渐渐发现,劳动教育不仅有助于满足基本的生存需要,还能锻炼人的感官、身体和智力,乃至促进人的全面发展。

崇尚劳动、热爱劳动,一直都是中华民族的传统美德。春夏耕耘,秋冬收藏;昏晨力作,夜以继日。在农耕文明时期,劳动是田地间的辛勤劳作,是物质文明得以创造的基础。中华民族的优良品质和"天人合一"的智慧来源于"勤劳"美德的孕育,劳动教育不仅关涉个体发展,而且关涉民族未来。

一、中国古代的劳动教育

《吴越春秋》中记载:"尧聘弃,使教民山居,随地造区,研营种之术……乃拜弃为农师,封之台,号为后稷,姓姬氏。"传说中上古时期的贤明首领尧,拜弃为农师,弃教给人民"山居"、种植的技术。这是在生产力不发达的时期,为满足人民温饱需求,凭借劳动经验,配合当时生产力水平而产生的劳动教育的雏形。这一时期的劳动教育不需要专门的教育组织和独立的教育过程,只是在生产劳动过程中顺便进行。

春秋战国时期,百花齐放,百家争鸣。《孟子》中就有"后稷教民稼穑,树艺五谷;五谷熟,而民人育"的记载。墨家学派重视劳动教育,墨子曾教育弟子说,"故圣人作,诲男耕稼树艺,以为民食""食者,国之宝也""民无食则不可事,故食不可不务也"。民以食为天,粮食必须依靠劳动来获得,粮食充足,国家才能安定,这把劳动教育上升到了满足人民需要、稳固国家的层面。此外,墨子作为中国古代伟大的科学家,不仅重视生产劳动,还善于在生产劳动中发现科学原理,他发明了大量的实用工具,并教授学生将其运用于生产实践。

在古代封建社会,"耕读传家久,诗书济世长"的思想深入人心。在汉代,关于"耕读"有比较多的记载。耕读是一种边耕种边读书,农忙务农,农闲读书,以耕种支持教育活动的方式。到清朝,传授各种知识的书院相继出现。颜元积极倡导"主动习行",是典型的实用主义教育倾向者,他既培养出能制造小仪器的学生,也培养出种田的好手。耕读的作用不仅在于为"学而优"提供辅助,还在于让士子在耕读的过程中了解民间疾苦,了解民生,当官后可以切切实实处理与农业劳动相关的事情。此外,古代不少家庭十分重视劳动教育。明代著名戏曲家汤显祖在《望耆儿》中教导孩子:闲游不是儿家业,大好归来学种田;清代名臣林则徐在家庭教育中循循善诱,悉心传授劳动崇高、务农光荣的理念,教导儿孙将勤劳作为自己的生活习惯和生存方式。①

综上所述,古代的劳动教育以农耕劳作为基础,以满足生存需要为目的,倡导辛勤劳动、诚实劳动,但受生产力水平的限制,古代劳动教育本身是无意识性、自发性行为。早期劳动教育的基本立场就是立足于教育与劳动的直接统一,根本功能是维系个体和人类的基本生存。阶级社会产生后,随着生产力的发展,统治阶级的教育从生产中独立出来,而劳动者的教育则仍然主要通过生产劳动进行。在"劳心者治人,劳力者治于人"价值观的作用下,广大劳动人民在劳动中所接受的教育往往被社会主导意识形态所贬低,并被排斥在体制化的正规教育之外。②

---

① 史世海. 中国古代崇尚劳动的家风 [J]. 决策探索,2020(8):78-79.
② 班建武. "新"劳动教育的内涵特征与实践路径 [J]. 教育研究,2019(1):21-26.

二、中华人民共和国成立后的劳动教育

中华人民共和国成立后，为适应当时的政治、经济和社会发展需要，满足农业、工业生产需求，我国教育工作的主要任务是以汲取老解放区的教育经验为基础，借助苏联经验和模式改革旧教育，建立适应社会主义建设的新教育制度。① 中华人民共和国成立后的劳动教育大致经历了三个阶段。

（一）第一阶段：教育与生产劳动相结合，为工农服务

1949年12月，第一次全国教育工作会议提出了坚持教育为工农服务、为生产建设服务的方针。

1951年，中央人民政府政务院颁发《关于改革学制的决定》，提出各级各类学校应提倡实施教育与生产劳动相结合。

1952年，教育部颁发《中学暂行规程》，提出中学教师应根据理论与实际一致的教育方法进行教学，同时指出了实施劳动教育教学的途径。

1954年，中共中央宣传部出台《关于高小和初中毕业生从事劳动生产的宣传提纲》，指明了体力劳动与脑力劳动的关系，提出体力劳动是一切劳动的基础。

1955年，教育部颁发《小学教学计划及说明》，规定小学阶段正式设立手工劳动课，每周1节，并要求和有关学科的教学密切联系起来，充分结合当地生产的实际，争取当地著名技术家的协助，尽量培养学生的创造才能。

1958年9月，《中共中央 国务院关于教育工作的指示》明确强调将"教育必须同生产劳动相结合"作为我国教育方针的重要组成内容。教育部颁布《1958—1959学年度中学教学计划》，在初高中正式设立生产劳动课，并大力扩充劳动教育的内容和时间，每周设置2节生产劳动课，每学年安排14～28天的体力劳动。

1959年，《国务院关于全日制学校的教学、劳动和生活安排的规定》中明

---

① 郑程月，王帅. 建国70年我国劳动教育的演进脉络、时代内涵与实践路径［J］. 当代教育科学，2019（5）：14-18.

确规定，课程设置可根据各级各类学校的特点作出不同的安排，初中生每周的劳动时间为6~8小时，高中生每周的劳动时间为8~10小时。

1963年3月，中共中央印发《全日制中学暂行工作条例（草案）》，强调了全日制中学应该贯彻执行教育为无产阶级的政治服务、教育与生产劳动相结合的方针，并专列一章阐述生产劳动，指出了学生参加生产劳动的重要性。

这一时期，国家以建设和恢复生产为主要任务，毛泽东等党和国家领导人高度重视劳动教育问题，强调教育要与生产劳动相结合，为工农服务，为生产建设服务。劳动教育的内容集中在第一产业的生产知识上，主要包括生产劳动、家务劳动和实验实习，注重培养劳动观点和劳动习惯等，大部分是作为课外活动内容。这一阶段劳动教育的主要特征有二：一是学习苏联的教育经验，劳动教育为生产建设服务，为国民经济的发展服务，为社会主义经济建设服务；二是将劳动教育作为缓解中小学毕业生升学压力、动员毕业生就业的重要手段。在此过程中，劳动教育的育人功能开始得到重视和开发，劳动教育课程内容的设置进一步完善，党和政府结合学生的生活实际，把培养人的劳动品质和劳动技能提到重要位置。

（二）第二阶段：劳动与育人相结合，以劳动技术教育为主

1978年，邓小平在全国教育工作会议上指出："为了培养社会主义建设需要的合格人才，我们必须认真研究在新的条件下，如何更好地贯彻教育与生产劳动相结合的方针。"

1981年，教育部颁发了《全日制五年制小学教学计划（修订草案）》《全日制六年制重点中学教学计划（试行草案）》和《全日制五年制中学教学计划试行草案的修订意见》。这三个文件开始重视劳动教育的育人功能，明确提出劳动教育的目的是促进人的全面发展。

1982年，教育部颁布了《关于普通中学开设劳动技术教育课的试行意见》，提出了开设劳动技术教育课程的目的、意义和原则，指出劳动技术教育是中学教育不可缺少的组成部分，要求学校培养学生手脑并用的能力，对成绩考核、师资培训、劳动场地、加强领导等方面都提出了具体意见，劳动技术教育成为学校正式课程。

1987年，教育部先后印发的《全日制普通中学劳动技术课教学大纲（试行稿）》和《全日制小学劳动课教学大纲（试行草案）》，是中华人民共和国成立以来首次针对中小学劳动教育课程颁发的指导性独立文件，对新时期劳动教育的目的、内容、途径等都作出明确规定。

1992年试行的《中华人民共和国义务教育法实施细则》一再强调义务教育的实施务必以国家的教育方针为标准，坚持社会主义现代化前进方向，实行教劳结合的形式。①

1993年2月，中共中央、国务院印发的《中国教育改革和发展纲要》提出："教育必须为社会主义现代化建设服务，必须与生产劳动相结合，培养德、智、体全面发展的建设者和接班人。"拉开了劳动教育转型的序幕，推动劳动教育逐渐走向制度化和规范化。

1998年，教育部办公厅出台《关于加强普通中学劳动技术教育管理的若干意见》，在明确中学劳动技术教育的组织领导责任和师资队伍建设要求的同时，明确要求各级教育督导部门，在进行教育督导评估时，要把劳动技术教育纳入督导评估体系，把是否开设劳动技术课，是否重视劳动技术教育，作为评选教育先进单位和先进学校的重要内容之一，并作为考核教育部门、学校、领导干部的重要内容之一。

这一阶段，改革开放翻开历史新篇章，教育方针围绕经济建设总方针，为国家的全面改革建设服务。党和政府开始重视劳动教育的育人功能，明确提出劳动教育的目的是促进人的全面发展，并重视劳动技术教育，为解决就业和人才输送问题提供保障，服务社会主义现代化建设。总之，劳动教育处在重大转型阶段。

（三）第三阶段：五育并举，培养全面发展的人才

1999年，《中共中央 国务院关于深化教育改革 全面推进素质教育的决定》提出，教育与生产劳动相结合是培养全面发展人才的重要途径，强调各级各类

---

① 张雨强，张书宁. 新中国成立70年劳动教育的历史演变［J］. 中国教育学刊，2019（10）：61-67.

学校要加强和改进对学生的生产劳动与实践教育，同时积极提供必要条件，从德、智、体、美等方面来推动素质教育的实现。

21世纪以来，教育与生产劳动相结合呈现出更加鲜明的时代特征，政治、经济和科学技术的快速发展，推动了劳动教育实践的新转变，劳动技术教育更加受到重视，成为实施素质教育的关键环节。

2001年国务院发布的《关于基础教育改革与发展的决定》提出："坚持教育必须为社会主义现代化建设服务，为人民服务，必须与生产劳动和社会实践相结合，培养德智体美等全面发展的社会主义事业建设者和接班人。"同年6月，《基础教育课程改革纲要（试行）》出台，标志着新一轮基础教育课程改革全面启动。其中规定，"从小学至高中设置综合实践活动并作为必修课程，其内容主要包括：信息技术教育、研究性学习、社区服务与社会实践以及劳动与技术教育"。自此，劳动技术教育成为综合实践活动课程的组成部分，综合实践活动课程和通用技术课程成为劳动教育的主要课程形态。

2010年，《国家中长期教育改革和发展规划纲要（2010—2020年）》出台，进一步强调坚持教育教学与生产劳动、社会实践相结合，加强劳动教育，培养学生热爱劳动、热爱劳动人民的情感，对教育与生产劳动相结合的方针进行了更加深入的阐述，并融入了新时期教育改革的思想。

2015年，教育部联合共青团中央、全国少工委印发的《关于加强中小学劳动教育的意见》，基于现阶段基本实际，从国家战略发展的高度阐明了劳动教育对人才培养的重大意义。

2018年，在全国教育大会上，习近平总书记将原有的"德智体美"四育并举的育人目标发展为"德智体美劳"五育并举，增加了劳动教育，体现出新时代教育的新思路和新要求。

全国教育大会以后，为了构建德智体美劳全面培养的教育体系，2020年，中共中央、国务院印发的《关于全面加强新时代大中小学劳动教育的意见》和教育部印发的《大中小学劳动教育指导纲要（试行）》，对劳动教育的性质和理念、目标和内容等进行了详细阐述，明确提出普通高等学校要将劳动教育纳入专业人才培养方案，本科阶段不少于32学时。

这两个文件印发以后，劳动教育的落实情况取得了比较显著的进步，据教育部2020年"收官"系列新闻发布会第五场——"十三五"期间加强体育、美育、劳动教育有关情况中介绍：多个省市编制印发关于实施劳动教育的意见，对劳动教育进行具体部署；教育部要求把劳动教育纳入国培计划，纳入各地教育工作领导小组学习和培训内容范围；很多学校组织学生开展劳动实践活动；一些科研机构、出版单位等在组织编制劳动实践指导手册；等等。在教育系统内外和各级各类学校共同努力下，各方面对劳动教育的育人价值已形成一定的共识，学生、教师、家长积极支持劳动教育的氛围正在形成。

2021年4月29日，第十三届全国人民代表大会常务委员会第二十八次会议通过关于修改《中华人民共和国教育法》的决定，第五条被修改为"教育必须为社会主义现代化建设服务、为人民服务，必须与生产劳动和社会实践相结合，培养德智体美劳等方面全面发展的社会主义建设者和接班人"。

这一阶段，我国出台实施的一系列重大政策、举措，立足于新时期教育改革的顶层设计，劳动教育获得了更加丰富的新内涵，已成为新时代党对教育的新要求，成为全面发展教育体系的重要组成部分，是大中小学必须开展的教育活动。劳动教育的理念开始贯穿家庭、学校、社会各方面。劳动教育注重让学生在学习和掌握基本劳动知识技能的过程中，领悟劳动的意义和价值，形成勤俭、奋斗、创新、奉献的劳动精神，强调培养德智体美劳全面发展的社会主义建设者和接班人。

第二节 新时代高校开展劳动教育的意义

如今，我国高等教育取得了突破性发展、历史性跃升，高等教育规模不断扩大，高等教育毛入学率不断提升，已建成世界规模最大的高等教育体系。同时，高等教育学科专业结构不断优化，高等教育多样化发展体系正在形成。高等教育面临着复杂的形势，肩负着为社会培养和输送人才的光荣使命。作为国民教育体系的重要内容，劳动教育是学生成长的必要途径，是高等教育培养全面发展人才的重要途径，也是高等教育高质量发展的必然选择。

当代大学生的成长环境发生了深刻变化。在互联网时代，不少大学生沉溺于电子产品，"四体不勤，五谷不分"的现象屡见不鲜，部分高校存在"重书本教育，轻教学实践"的情况，对劳动教育重视不够。研究者2020年初对全国30多所高校开展的调查显示：劳动教育的地位与其他"四育"无法比肩，劳动教育的随意性较强①。从某种程度上来说，劳动的独特育人价值在一定程度上被忽视，劳动教育被淡化、弱化。

2022年，党的二十大报告指出："教育、科技、人才是全面建设社会主义现代化国家的基础性、战略性支撑。"深入实施科教兴国战略、人才强国战略、创新驱动发展战略，迫切需要全面加强新时代劳动教育，源源不断培养高素质技术技能人才、大国工匠、能工巧匠，为加快建设一支知识型、技能型、创新型劳动者大军，为促进我国经济实现高质量发展，为全面建设社会主义现代化国家提供有力支撑。

2024年7月18日中国共产党第二十届中央委员会第三次全体会议通过《中共中央关于进一步全面深化改革 推进中国式现代化的决定》，在深化教育综合改革部分提出："完善学生实习实践制度。"这一部署对于促进学生德智体美劳全面发展、培养高素质人才具有重要意义。

习近平总书记强调"幸福都是奋斗出来的""空谈误国，实干兴邦"，厚植对新时代年轻人的殷切希望。劳动教育帮助学生树立正确的劳动观和劳动态度，提升劳动技能，养成劳动习惯，对于完善学生品德，培养其正确的价值观念具有重要作用。高校作为为社会培养和输送人才的基地，开展劳动教育意义重大。

首先，新时代高校开展劳动教育是实现大学生个人全面发展的必由之路。与其他教育阶段不同，高等教育阶段的劳动教育注重围绕创新创业，重视新知识、新技术、新工艺、新方法应用，创造性地解决实际问题，可以使学生增强诚实劳动意识，积累职业经验，提升就业、创业能力，树立正确择业观。在大学生中加强劳动教育，不但能强化大学生对专业劳动知识的学习，还能有效提高大学生的创新创业能力。劳动教育过程可以磨炼大学生的意志品质，塑造其艰苦奋斗的精神及自强自立的人格，有助于大学生身心健康发展，提高就业能力。

其次，新时代高校开展劳动教育是落实立德树人根本任务的内在需要。培

---

① 柳友荣. 高校劳动教育如何实现提质增效［J］. 中国教育报，2020－05－18（5）．

养什么人，是教育的首要问题。我们的教育不仅要传授知识、培养能力，还要把社会主义核心价值体系融入国民教育体系之中，引导学生树立正确的世界观、人生观、价值观、荣辱观。劳动教育是教育体系的重要内容，是学生成长的必要途径，具有树德、增智、强体、育美的综合育人价值，符合立德树人的根本要求，是立德树人的实现途径。劳动教育的重点是在系统的文化知识学习之外，有目的、有计划地组织学生参加日常生活劳动、生产劳动和服务性劳动，让学生动手实践、出力流汗，接受锻炼、磨炼意志，培养学生正确的劳动价值观和良好劳动品质，着力提升学生的综合素质，促进学生全面发展、健康成长。

最后，新时代高校开展劳动教育是服务国家战略的必然选择。当今世界正经历百年未有之大变局，新一轮科技革命和产业变革深入发展，国际力量对比深刻调整，国际环境日趋复杂，不稳定性、不确定性明显增加。我国已进入高质量发展阶段，但发展不平衡、不充分等问题仍然突出，重点领域、关键环节的改革任务仍然艰巨，创新能力不适应高质量发展要求等问题仍然存在。党和国家事业发展对高等教育的需要，对科学知识和优秀人才的需要，比以往任何时候都更为迫切。

2024年8月31日，习近平总书记在《求实》发表了《培养德智体美劳全面发展的社会主义建设者和接班人》的文章，对劳动教育提出新的要求。劳动可以树德、可以增智、可以强体、可以育美。

新时代高校劳动教育的开展，既能引导大学生刻苦学习科学文化知识，练就过硬本领，又能教育大学生坚定理想信念，既能让学生掌握劳动知识和劳动技能，又能培养其自主创新能力，让他们自觉把青春梦融入中国梦。因此，发展新时代高校劳动教育，培养创新型人才是世界大势所趋、国家命运所系和个体生存所求的必然结果，有利于培育一支高素质的"能工巧匠""大国工匠"，为"中国速度"向"中国质量"转变、制造大国向制造强国转变、"中国制造"向"中国创造"转变提供智力支撑和创新支撑，是服务国家人才强国战略的必然选择。

第一篇
深化劳动认识

第一章　树立正确的劳动观和择业观

学习目标

1. 掌握劳动的基本含义和实质。
2. 了解马克思主义劳动观的形成与发展。
3. 理解习近平新时代中国特色社会主义思想对马克思主义劳动观的创新发展，树立正确的劳动观。
4. 明确大学生择业观的内涵及影响因素，树立正确的择业观。

课前思考

2018年9月10日，习近平总书记在全国教育大会上的重要讲话中提出要培养德智体美劳全面发展的社会主义建设者和接班人的总要求。这一提法将劳动教育提升为国民教育体系的重要组成部分，与德育、智育、体育、美育并举。劳动教育为何成为大学生的人生必修课？如何培育新时代劳动观，让大学生树立正确的择业观？

第一节　认识劳动

要想了解大学生劳动教育，就要先搞清楚大学生劳动教育的相关概念与理论基础知识，知道什么是劳动。把握和领会劳动的实质，有助于大学生形成正确的劳动态度，进而树立正确的劳动观。

一、劳动的基本含义与重要作用

(一) 劳动的基本含义

劳动是人类社会存在和发展的基础。劳动是社会历史的起点，生产劳动的发展推动着人类的发展和进步。"任何一个民族，如果停止劳动，不用说一年，就是几个星期，也要灭亡。"①

劳动是人类特有的实践活动形式，是人们为创造物质或精神财富而进行的活动。在《现代汉语词典》中对劳动的解释有三个：一是人类创造物质或精神财富的活动，二是专指体力劳动，三是进行体力劳动。按照传统的劳动分类理论，劳动可分为脑力劳动和体力劳动两大类。在不同的劳动实践活动中，脑力劳动和体力劳动只是分工不同，并无贵贱之分。

(二) 劳动是人类生命得以存续的基础

人类的社会生活是以物质生产劳动为基础的，物质生产劳动为社会生活得以展开提供保障。马克思曾指出："人们为了能够'创造历史'，必须能够生活。但是为了生活，首先就需要吃喝住穿以及其他一些东西。因此第一个历史活动就是生产满足这些需要的资料，即生产物质生活本身，而且，这是人们从几千年前直到今天单是为了维持生活就必须每日每时从事的历史活动，是一切历史的基本条件。"② 劳动在人类社会的产生和形成中所起的作用是十分巨大的。只有通过生产劳动，人类及人类社会才能获得生存与发展，劳动的发展关乎人类社会发展的进程。换言之，若想理解全部社会历史，必得先正确认识生产劳动。

劳动是人类生命存在的基础。人类的社会生活是以物质生产劳动为基础

---

①马克思恩格斯选集：第4卷[M].中共中央马克思恩格斯列宁斯大林著作编译局，编译. 北京：人民出版社，2012：473.

②马克思恩格斯选集：第1卷[M].中共中央马克思恩格斯列宁斯大林著作编译局，编译. 北京：人民出版社，2012：158.

的，物质生产劳动为社会生活提供保障。如果没有生产劳动作为物质基础，人的现实的物质需求就无法得到满足。正是因为有了生产劳动，人类才生产出满足需要的各种物质生产资料，因此，生产劳动是人类生命得以存续的基础。

（三）劳动是社会存在及社会发展的基础

人与人之间的社会交往和社会关系是在劳动中形成和不断发展的。社会生产力的变化与发展决定了整个社会生产的变化与发展状况，所以，有什么样的社会生产力，就会随之出现与之相适应的社会生产方式与组织活动方式。在原始社会，人类使用石器等原始工具从事一些简单的社会生产劳动，如狩猎、畜牧、原始耕作等，决定了原始社会的社会形态；在奴隶社会，人类使用青铜器等金属工具从事简单的生产劳动，决定了奴隶社会的社会形态；在封建社会，人类以铁器的使用为主，从事小规模的土地耕作和手工业劳动，决定了封建社会的社会形态；伴随着社会生产力的进一步发展，在资本主义社会，大机器取代了铁器的主导地位，这种社会化大生产决定了资本主义社会的社会形态……人类社会的每一次变革和进步，都与劳动生产力的提升密不可分。生产劳动在推动人类的发展、社会的进步方面起着十分重要的作用。劳动是人类最基本的实践活动，也是推动历史向前发展的根本动力，是社会存在及社会发展的基础。

二、劳动是个体发展的重要条件

劳动是个体发展的重要条件，并推动着人的自由全面发展。在人类发展史上，劳动推动了个人和人类社会的发展。在从猿到人、从猿群到人类社会的转变过程中，劳动起着极其重要的作用。个人是社会的微观体现，在经历了自然劳动、异化劳动之后，劳动成为人们自由自觉的活动。自由劳动使人通过劳动重新定义富有和贫穷，也重新定义个人价值。当人们已经通过劳动极大地丰富了整个社会的物质财富时，谋生的需求虽然存在，但也只是处于次要地位。人们不再只是在吃饭、睡觉、享乐中开始自己的生活，而是在劳动中展开自己的生活，实现自己的人生价值，实现自由全面的发展，即人的自我实现、自我创造和自我升华。

劳动自身的发展，能够推动人的自由全面发展。这一点在中国共产党领导人民投身革命、建设和改革的实践历程中已得到了充分确证。与此同时，人们在劳动的过程中亲身实践，磨砺和塑造了勇敢、勤奋、坚韧的优秀劳动品格，这种优良的劳动品格也在实践中不断得到传承和发展，是促进个体发展的重要精神力量。

三、劳动无高低贵贱之分

三百六十行，行行出状元。各种正当的职业都是社会所必需的，劳动本身没有高低贵贱之分，劳动面前人人平等，劳动者应该享有平等的社会地位和他人的尊重。青年学生要尊重劳动，坚守自己的初心，认真对待自己的工作，尊重自己所从事的职业，并珍惜自己和他人的劳动成果。

（一）劳动最光荣

马克思指出："劳动的组织和划分视其所拥有的工具而各有不同。手推磨所决定的分工不同于蒸汽磨所决定的分工。"① 劳动分工各有不同，其目的不是简单地将各种具体劳动分配给不同的劳动者，而是为了使每一种特殊劳动都能够更为专业化、具体化。从事一切劳动，不论是脑力劳动，还是体力劳动，劳动者的社会地位都是平等的。所有的劳动者都应该得到应有的尊重、理解和支持。

2016年4月26日，习近平总书记在知识分子、劳动模范、青年代表座谈会上指出："人类是劳动创造的，社会是劳动创造的。劳动没有高低贵贱之分，任何一份职业都很光荣。"② 社区工作者、医护人员、公交车司机、建

---

① 马克思恩格斯选集：第1卷［M］．中共中央马克思恩格斯列宁斯大林著作编译局，编译．北京：人民出版社，2012：241．
② 习近平．在知识分子、劳动模范、青年代表座谈会上的讲话［N］．人民日报，2016-04-30（2）．

筑工人……各行各业的劳动者，在无数个日日夜夜，兢兢业业，恪尽职守，坚守在自己的工作岗位上。正因为有他们的坚守，世界才如此美好。

职业，是个人所从事的作为主要生活来源的工作。职业的划分不仅区分了每个人的分工，还提高了工作效率。个人如果能够从事自己喜欢的职业，便可以从自身的性格、兴趣和能力作为出发点，正确为自己定位，既享受工作的快乐，又实现自我的价值。

习近平总书记强调："在我们社会主义国家，一切劳动，无论是体力劳动还是脑力劳动，都值得尊重和鼓励；一切创造，无论是个人创造还是集体创造，也都值得尊重和鼓励。全社会都要贯彻尊重劳动、尊重知识、尊重人才、尊重创造的重大方针，全社会都要以辛勤劳动为荣、以好逸恶劳为耻，任何时候任何人都不能看不起普通劳动者，都不能贪图不劳而获的生活。"[1]

劳动虽然有分工不同，却没有高低贵贱之分。也许每个人的学历、经历、阅历各有不同，相应地从事各式各样的工作，但任何一个工种，都有它存在的道理。教师传道授业解惑，警察维护公共秩序，农民辛勤劳作耕种，建筑工人为人民建造家园，环卫工人让城市变得更美丽……劳动者的职业或许不同，岗位或许有别，但自己的双手、智慧和汗水，始终是美好生活最坚实、最可靠的依托。

劳动者都是可敬的，各行各业的劳动者是人类物质财富和精神财富的创造者，是我们幸福生活的缔造者。有耕耘就会有收获，有劳动就会有成果，劳动果实应该得到珍惜。劳动不分高低贵贱，每个人都需要他人的尊重，尊重的力量是强大的。尊重自己，从尊重别人开始，每个人都应该尊重自己和他人的劳动。比如最简单的，不随手乱扔垃圾，就是尊重环卫工人的劳动。

（二）平凡铸就不凡

习近平总书记在全国劳动模范和先进工作者表彰大会上指出："社会主义是干出来的，新时代是奋斗出来的。这次受到表彰的全国劳动模范和先进工作

---

[1] 习近平. 在庆祝"五一"国际劳动节暨表彰全国劳动模范和先进工作者大会上的讲话[N]. 人民日报，2015-04-29（2）.

者，是千千万万奋斗在各行各业劳动群众中的杰出代表。他们在平凡的岗位上创造了不平凡的业绩，以实际行动诠释了中国人民具有的伟大创造精神、伟大奋斗精神、伟大团结精神、伟大梦想精神。"①

2020年，以"平凡人，非凡梦"为主题的纪录片《平凡匠心》讲述了平凡人精彩而非凡的人生故事。故事的主角来自当代中国社会各个阶层，守护荒野的志愿者张也、与渔民们一起破解难题的林招永……他们在平凡的工作岗位上坚守初心，崇尚劳动、热爱劳动、辛勤劳动、诚实劳动，强烈的责任感、使命感，是他们创造不平凡成就的力量源泉。

2020年"五一"国际劳动节来临之际，习近平同志在给郑州圆方集团全体职工的回信中指出："伟大出自平凡，英雄来自人民。面对这次突如其来的疫情，从一线医务人员到各个方面参与防控的人员，从环卫工人、快递小哥到生产防疫物资的工人，千千万万劳动群众在各自岗位上埋头苦干、默默奉献，汇聚起了战胜疫情的强大力量。"② 疫情期间，最美逆行者既是坚守各自岗位的普通劳动者，也是追求幸福生活的普通老百姓。他们是医护人员、警察、环卫工人、快递小哥……，坚守在各自不同的工作岗位，但他们还有自己特殊的角色，他们是普通家庭中的奶奶、丈夫、妈妈、孩子……而正是这份对初心的坚守，让他们为爱逆行，为家园而战，让他们在平凡的岗位上，用最温情的故事、最朴实的情怀、最无私的奉献服务群众。他们就在我们身边，生动诠释了劳动最光荣、劳动最崇高、劳动最伟大、劳动最美丽。

四、在劳动中实现发展

劳动者不仅需要专业的劳动知识，还需要具备相应的专业技能。人类发展进步需要各行各业的劳动者提升自己的劳动技能。劳动能力是人进行劳动的能力，包括体力劳动能力和脑力劳动能力两个方面。

---

① 习近平.在全国劳动模范和先进工作者表彰大会上的讲话[N].人民日报，2020-11-25（2）.

② 习近平给郑州圆方集团职工回信勉励广大劳动群众：弘扬劳动精神　克服艰难险阻　在平凡岗位上续写不平凡的故事[N].人民日报，2020-05-01（1）.

（一）劳动提升技能

劳动能力需要在认识和使用劳动工具、熟悉劳动的过程中形成[1]。苏霍姆林斯基主张引导学生从事实际劳动获取社会劳动经验，如完善学校和村镇设施、为学校班级创造财富、为老弱病残者做好事，教育学生掌握一般劳动专业知识，强化学生在社会主义社会个人劳动生活中的道德体验等[2]。上海、云南、湖北、河北等省市已经将劳动素养纳入学生综合素质评价。学生应具有一定的劳动知识和技能，形成良好的劳动习惯。简单的家务劳动、校内劳动、校外劳动可以让学生在劳动中获得更多劳动体验，在走向工作岗位后，更加热爱自己的工作，从而更好地服务社会。

2016年4月26日，习近平同志在与知识分子、劳动模范、青年代表座谈时指出："素质是立身之基，技能是立业之本。广大劳动群众要勤于学习，学文化、学科学、学技能、学各方面知识，不断提高综合素质，练就过硬本领。要立足岗位学，向师傅学，向同事学，向书本学，向实践学。"[3] 所有学生应学好技术，练好本领，立足自身工作岗位，不断进取钻研，助力自身成长成才。

青年学生更应该注重劳动实践，在实践中掌握劳动技能，提高与人交往的能力。其实好的劳动习惯等在很大程度上是从小养成的。家庭的劳动锻炼，对人们未来掌握熟练技术具有十分重要的意义。实践出真知，才干在实践中养成，也终究在实践中体现。劳动者在劳动实践中不仅可以提高自身的素质，还能不断认识自然世界的客观规律，掌握运用自然规律进行创造的各种技术技能。

（二）劳动推动发展

恩格斯曾指出："一有了生产，所谓生存斗争便不再围绕着单纯的生存资

---

[1] 徐国庆. 劳动教育［M］. 北京：高等教育出版社，2020：87.
[2] 苏霍姆林斯基. 论劳动教育［M］. 萧勇，杜殿坤，译. 长沙：湖南教育出版社，1987：1-2.
[3] 习近平. 在知识分子、劳动模范、青年代表座谈会上的讲话［N］. 人民日报，2016-04-30（2）.

料进行，而要围绕着享受资料和发展资料进行。"① 这一论述中，人的需要可以分为生存、享受和发展的需要。这些不同层次需要的满足，都离不开劳动。只有通过劳动，人才能获得维持生存的物质材料，只有不断提升劳动效率，才能使人的各种非生存性活动和需要的满足成为可能。

习近平同志指出："人民创造历史，劳动开创未来。劳动是推动人类社会进步的根本力量。幸福不会从天而降，梦想不会自动成真。实现我们的奋斗目标，开创我们的美好未来，必须紧紧依靠人民、始终为了人民，必须依靠辛勤劳动、诚实劳动、创造性劳动。我们说'空谈误国，实干兴邦'，实干首先就要脚踏实地劳动。"② 从铁人精神到载人航天精神，再到伟大抗疫精神，正是广大劳动者手不停歇、脚不停步、无私奉献，才成就了今日中国的大好发展局面。尤其是劳动模范和先进工作者以自身的模范行动和崇高品质，感染着全社会，生动诠释了"劳动美"的新篇章。

正是因为劳动创造，我们拥有了历史的辉煌；也正是因为劳动创造，我们拥有了今天的成就。纵观历史发展潮流，劳动是中华民族的传统美德，正是因为劳动创造，我国作为文明古国在人类历史上熠熠生辉；也正是因为劳动创造，我国在当代国际社会的激流中奋勇前进。从马克思认为的劳动是人类社会存在和发展的基础，到习近平同志提出的"劳动是推动人类社会进步的根本力量"，都揭示了劳动与社会发展的本质联系，社会的产生、发展、进步，根本上需要劳动。

青年兴则国家兴，青年强则国家强。各个高校应落实立德树人根本任务，把握育人导向，遵循教育规律，培养出为人民大众劳动、为党为国家奉献的新青年。对幸福生活的追求和对美好生活的向往是每个劳动者的现实诉求。劳动是人的本质属性，是推动社会发展的根本动力，我们要崇尚劳动，尊重劳动，大力弘扬劳动精神，让劳动光荣、创造伟大成为铿锵的时代强音。

---

①马克思恩格斯全集：第20卷[M].中共中央马克思恩格斯列宁斯大林著作编译局，编译．北京：人民出版社，1971：653．

②习近平．在同全国劳动模范代表座谈时的讲话[N]．人民日报，2013-04-29（2）．

第二节 劳动观

一、马克思主义劳动观

马克思主义劳动观是马克思主义理论的重要组成部分。马克思、恩格斯、列宁等思想家关于劳动的基本观点构成马克思主义劳动观的重要内容，中国共产党通过理论和实践的创新进一步丰富和发展了马克思主义劳动观，充分体现了马克思主义与时俱进的理论品质。

何谓劳动？马克思曾鲜明指出："劳动首先是人和自然之间的过程，是人以自身的活动来中介、调整和控制人和自然之间的物质变换的过程。"[①] 劳动的观点在马克思主义理论体系中占据重要位置，在马克思主义经典著作中多有论述。

关于劳动与人类，恩格斯在《劳动在从猿到人转变过程中的作用》中指出："其实劳动和自然界一起才是一切财富的源泉，自然界为劳动提供材料，劳动把材料变为财富。但是劳动还远不止如此。它是整个人类生活的第一个基本条件，而且达到这样的程度，以致我们在某种意义上不得不说：劳动创造了人本身。"[②] 意即正是劳动，将人与猿彻底区别开来。马克思在《1844年经济学哲学手稿》中亦指出："正是在改造对象世界中，人才真正地证明自己是类存在物。这种生产是人的能动的类生活。"[③] 由此，在马克思、恩格斯看来，劳动是人类赖以生存、发展的决定性力量，是人类从猿人发展到智人的直接推动力。劳动不仅使人类体态特征愈来愈区别于猿而近似于现代人，而且为人的意识的产生和发展提供了客观需要和可能，进而促使人类的智力不断进化，劳

---

① 马克思恩格斯文集：第5卷 [M]．中共中央马克思恩格斯列宁斯大林著作编译局，编译．北京：人民出版社，2009：207-208．
② 恩格斯．劳动在从猿到人转变过程中的作用 [M]．北京：人民出版社，1971：7．
③ 马克思恩格斯选集：第1卷 [M]．中共中央马克思恩格斯列宁斯大林著作编译局，编译．北京：人民出版社，2012：57．

动工具日益改进,物质生活逐渐丰富。

关于劳动与社会,马克思在《德意志意识形态》中指出:"人们为了能够'创造历史',必须能够生活。但是为了生活,首先就需要吃喝住穿以及其他一些东西。因此第一个历史活动就是生产满足这些需要的资料,即生产物质生活本身,而且,这是人们从几千年前直到今天单是为了维持生活就必须每日每时从事的历史活动,是一切历史的基本条件。"① 在马克思看来,劳动是人类生存的第一个前提。人类只有通过劳动,才能满足生存所需,进而产生生活和历史。换言之,劳动既是人的存在方式,也是人类社会存在与发展的基础,离开了劳动者的劳动,就不可能有人类社会的存在。马克思进一步强调这一简单事实,他指出,"任何一个民族,如果停止劳动,不用说一年,就是几个星期,也要灭亡,这是每一个小孩子都知道的"②,以此充分肯定劳动对于整个人类社会和人类历史的重要意义。

关于劳动与价值,马克思、恩格斯认为,劳动和自然界是财富的源泉,自然界提供劳动的材料,而劳动则使材料转变为财富。劳动是价值创造的源泉。劳动者、劳动对象和劳动资料是劳动过程的基本要素,任何劳动都离不开此三要素。不存在没有劳动者的劳动,也不存在无劳动对象和劳动资料的劳动。对此,马克思在《资本论》中指出:"一切劳动,一方面是人类劳动力在生理学意义上的耗费,就相同的或抽象的人类劳动这个属性来说,它形成商品价值。另一方面是人类劳动力在特殊的有一定目的的形式上的耗费,就具体的有用的劳动这个属性来说,它生产使用价值。"③ 由此,马克思认为,劳动者通过劳动资料改造劳动对象,在此过程中既形成了商品的价值,同时也生产了商品的使用价值,既创造了价值,又形成了财富。劳动是人类社会一切物质财富和精神财富的源泉,对人类及人类社会的生存与发展具有根本作用。

---

① 马克思恩格斯选集:第1卷[M].中共中央马克思恩格斯列宁斯大林著作编译局,编译.北京:人民出版社,2012:158.
② 马克思恩格斯选集:第4卷[M].中共中央马克思恩格斯列宁斯大林著作编译局,编译.北京:人民出版社,2012:473.
③ 马克思恩格斯选集:第2卷[M].中共中央马克思恩格斯列宁斯大林著作编译局,编译.北京:人民出版社,2012:106.

关于资本主义劳动异化问题，马克思认为，劳动是人类的本质，体现了人的自由本性，但是在资本主义条件下，雇佣劳动成为资本主义生产关系领域中劳动的表现形态，资本取得话语权，支配劳动及劳动产品，劳动受制于资本，雇佣劳动沦为资本增值的源泉，劳动的本质属性发生了异化。马克思以异化劳动理论为基础，尖锐批判了资本主义社会的异化扭曲人的本质。在私有制条件下，本应是"自由自觉的活动"的生产劳动变成了异化劳动，劳动本身成为劳动者的一种异己的行为。在马克思看来，未来的共产主义社会将消灭异化劳动，人类将重拾本质，进而实现人的自由全面发展。[1]

关于劳动与教育，马克思认为，生产劳动同智育和体育相结合，不仅是提高社会生产的一种方法，而且是造就全面发展的人的唯一方法。他指出，"在社会主义社会中，劳动将和教育相结合，从而既使多方面的技术训练也使科学教育的实践基础得到保障"[2]，意在强调生产劳动和教育的早期结合是改造现代社会最强有力的手段之一。列宁在继承和发展马克思主义关于劳动与教育相结合的思想理论的基础上，进一步强调，对青年的教育如果没有与生产劳动相结合，未来社会的理想将无法顺利实现，无论是脱离生产劳动的教育，还是没有同时进行教育的生产劳动，都不能达到现代技术水平和科学知识现状所需要的高度。

劳动与教育的结合对发展现代科学技术、改造现代社会至关重要，在对青年一代的教育中，劳动教育同智育、体育等共同构成培养现代社会的建设者、造就自由全面发展的人的重要方法。

马克思主义具有与时俱进的理论品质，中国共产党在长期的革命、建设和改革过程中，继承并发展了马克思主义经典作家关于劳动的科学论述，形成了适合中国发展实际的马克思主义劳动观中国化的新理论、新观点。

在新民主主义革命时期，毛泽东十分重视劳动生产，认为"发展生产的中心关节是组织劳动力"[3]。1943年11月，他在中共中央招待陕甘宁边区劳动英

---

[1] 王继华.《1844年经济学哲学手稿》这样学[M].北京：研究出版社，2022：81-91.
[2] 马克思恩格斯选集：第3卷[M].中共中央马克思恩格斯列宁斯大林著作编译局，编译.北京：人民出版社，2012：710.
[3] 毛泽东.毛泽东选集：第3卷[M].北京：人民出版社，1991：912.

雄大会的讲话上强调，要把广大边区群众充分组织起来，"把一切老百姓的力量、一切部队机关学校的力量、一切男女老少的全劳动力半劳动力，只要是可能的，就要毫无例外地动员起来，组织起来，成为一支劳动大军"①。毛泽东在新民主主义革命时期对劳动生产的重视，不仅解决了革命后方生产生活资料的供给问题，而且从一定程度上也增强了人们的劳动观念和劳动纪律性，为中华人民共和国成立后树立劳动者的主人翁地位奠定了思想基础。

在新民主主义社会向社会主义社会过渡时期和社会主义建设时期，毛泽东充分意识到劳动者的重要性。以毛泽东为代表的中国共产党人坚持将马克思主义劳动观同中国的社会主义改造和建设的实践相结合，强调重视劳动、尊重劳动、保护劳动者的劳动积极性，培育劳动光荣的主人翁精神，鼓励人人参与生产劳动，努力为社会主义建设事业作贡献。由此，"劳动最光荣"成为劳动观最直接的表达。同时，中国共产党十分重视教育和生产劳动之间的关系。1958年中共中央、国务院发布的《关于教育工作的指示》明确将"教育必须同生产劳动相结合"确定为党的教育工作方针，并在此基础上开展了一系列劳动教育实践。在社会主义建设时期，劳动教育被视为贯彻用手与用脑、学习与劳动、生产与教育、理论与实际密切结合原则的正确道路，是让学生成为全面发展、又红又专、工人化的知识分子与知识分子化的工人的重要方法。

在改革开放、全面建设小康社会时期，解放生产力、发展生产力、充分调动劳动者的积极性，倡导体面劳动、构建和谐劳动关系、理顺收入分配，让全体劳动者共享发展成果成为中国共产党人的核心劳动观②。在改革开放初期，邓小平主张坚持按劳分配原则，同时提倡"先富"带动"后富"。他指出："我们提倡按劳分配，对有特别贡献的个人和单位给予精神奖励和物质奖励，也提倡一部分人和一部分地方由于多劳多得，先富裕起来"③，以此鼓励劳动者能者多劳、多劳多得，充分调动劳动者的积极性。江泽民在党的十六大报告中强

---

①毛泽东.毛泽东选集：第3卷［M］.北京：人民出版社，1991：928.
②苏映宇.建国以来中国共产党人对马克思主义劳动观的丰富和发展［J］.福建师范大学学报（哲学社会科学版），2017（1）：14.
③邓小平.邓小平文选：第2卷［M］.北京：人民出版社，1994：258.

调"必须尊重劳动、尊重知识、尊重人才、尊重创造"①，要求将此作为党和国家的一项重大方针在全社会认真贯彻，并进一步提出要尊重和保护一切对人民和社会有益的劳动。胡锦涛在2010年全国劳动模范和先进工作者表彰大会上重申"劳动最光荣、劳动者最伟大"思想，提出要坚持以人为本，"让广大劳动群众实现体面劳动"②，切实发展和谐劳动关系，让各阶层的劳动者拥有体面劳动的获得感。同时，中国共产党对如何实现教育与劳动相结合并将劳动运用到教育实践中进行了重新审视。十一届三中全会以后，劳动教育被表述为全面发展教育的组成部分，"德、智、体、美、劳"相互配合、相互渗透。2001年国务院发布《关于基础教育改革与发展的决定》，明确新世纪基础教育改革与发展的基本方针，提出教育必须与生产劳动和社会实践相结合，培养德智体美等全面发展的社会主义事业建设者和接班人③。新方针强调教育既要与生产劳动相结合，也要与社会实践相结合，充分体现了新时期劳动实践的多样性和劳动创造的无限空间，是"教育与生产劳动相结合"在新时期的丰富和拓展。

随着社会的进步与发展，劳动的时代内涵不断丰富，劳动教育的外延也在不断拓展。但是这种拓展在一定程度上也造成了劳动教育的实质内涵日益模糊不清④。因此，不断丰富和发展马克思主义劳动观，进一步加强当代劳动教育，培养新时代广大青少年树立正确的劳动观，使他们由衷热爱并尊重劳动及劳动者，为构建一个劳动者参与发展并分享发展成果的公平正义的社会而奋斗，成为新时代我们党及教育战线工作者深入探索的新领域。

二、习近平新时代中国特色社会主义思想对马克思主义劳动观的创新发展

习近平新时代中国特色社会主义思想关于劳动的重要论述是在继承和发

---

① 江泽民. 江泽民文选：第3卷[M]. 北京：人民出版社，2006：540.
② 全国劳动模范和先进工作者表彰大会在京隆重举行[N]. 人民日报，2010-04-28（1）.
③ 何东昌. 中华人民共和国重要教育文献（1998—2002）[M]. 海口：海南出版社，2003：887.
④ 李珂. 嬗变与审视：劳动教育的历史逻辑与现实重构[M]. 北京：社会科学文献出版社，2019：77.

展马克思主义劳动观、深入分析新时代中国社会主要矛盾和劳动关系变化的基础上，逐步形成的马克思主义劳动观中国化的最新理论成果，习近平新时代中国特色社会主义思想对马克思主义劳动观的创新发展具有十分重要的现实意义。

（一）习近平新时代中国特色社会主义思想关于劳动的重要论述

党的十八大以来，以习近平同志为核心的党中央始终坚持"以人民为中心"的思想，深刻分析中国特色社会主义进入新时代后我国社会的主要矛盾已经转变为"人民日益增长的美好生活需要和不平衡不充分的发展之间的矛盾"的现实，在充分继承马克思主义劳动观的基础上，不断进行理论创新和实践创新，提出了一系列关于劳动的重要论述，主要包括"实干兴邦"的劳动发展观、"崇尚劳动"的劳动价值观以及"热爱劳动"的劳动教育观等。

关于"实干兴邦"的劳动发展观，习近平指出："劳动是推动人类社会进步的根本力量。"[1] 劳动不仅创造了人类、创造了社会，而且推动人类社会不断向前，劳动是人类社会发展的推动力量。由此，习近平深刻指出："人民创造历史，劳动开创未来。"[2] 劳动是取得一切成功的必由之路。"空谈误国，实干兴邦"，实干首先就要脚踏实地劳动。劳动应以人为中心，重视劳动对劳动者自身的价值和作用，协调"共建"和"共享"的关系，在共同建设伟大事业的基础上，让改革发展成果更多更公平地惠及广大劳动者，让劳动者实现全面发展。这也是马克思主义关于实现人的自由全面发展在新时代的新体现。

关于"崇尚劳动"的劳动价值观，马克思主义认为，劳动是创造价值的源泉，对此习近平在多个场合进行了一系列论述，充分表达了新的历史时期我国整体的劳动价值取向，提出了新时代劳动价值观。他指出："必须牢固树立劳动最光荣、劳动最崇高、劳动最伟大、劳动最美丽的观念，让全体人民进一步

---

[1] 习近平. 习近平谈治国理政[M]. 北京：外文出版社，2014：44.
[2] 习近平. 习近平谈治国理政[M]. 北京：外文出版社，2014：44.

焕发劳动热情、释放创造潜能，通过劳动创造更加美好的生活。"① 全社会要始终秉持"崇尚劳动"的精神理念，大力奏响劳动光荣的时代强音。全社会都要热爱劳动，营造以辛勤劳动为荣、以好逸恶劳为耻的社会氛围，充分尊重每一位劳动者，让劳动者实现体面劳动、全面发展，努力构建一个把劳动价值作为人的根本价值导向的公平公正的和谐社会。

关于"热爱劳动"的劳动教育观，党的十八大以来，以习近平同志为核心的党中央高度重视教育事业在坚持和发展中国特色社会主义战略全局中的地位和作用，把教育摆在优先发展的战略位置，提出了一系列新理念、新思想、新观点。其中，关于对青少年进行劳动教育，习近平同志进行了大量的论述。2013年，他在同中华全国总工会新一届领导班子成员集体谈话时强调，要加强对广大青少年的教育，让劳动最光荣、劳动最崇高、劳动最伟大、劳动最美丽的观念蔚然成风②。2014年，习近平同志在向全国广大劳动者致以"五一"劳动节问候时指出，要通过各种措施和方式，教育引导广大青少年牢固树立热爱劳动的思想、牢固养成热爱劳动的习惯，为祖国培养一代又一代勤于劳动、善于劳动的高素质劳动者③。2018年，习近平同志在全国教育大会上，明确指出"培养德智体美劳全面发展的社会主义建设者和接班人"④，至此"四育"提升为"五育"，充分彰显劳动教育在立德树人教育根本任务中的重要意义。

（二）习近平新时代中国特色社会主义思想对马克思主义劳动观创新发展的重要意义

党的十八大以来，以习近平同志为核心的党中央始终站在时代的高度，用发展的眼光和全局的思维审视劳动这一人类本质活动，提出了一系列新思想新

---

①习近平. 习近平谈治国理政［M］. 北京：外文出版社，2014：46.
②教育部课题组. 深入学习习近平关于教育的重要论述［M］. 北京：人民出版社，2019：52.
③习近平在乌鲁木齐接见劳动模范和先进工作者、先进人物代表 向全国广大劳动者致以"五一"节问候［N］. 人民日报，2014-05-01（4）.
④习近平在全国教育大会上强调 坚持中国特色社会主义教育发展道路 培养德智体美劳全面发展的社会主义建设者和接班人［N］. 人民日报，2018-09-11（1）.

论断，丰富和发展了马克思主义劳动观，其"实干兴邦"的劳动发展观、"崇尚劳动"的劳动价值观以及"热爱劳动"的劳动教育观等理论成果对实现中华民族伟大复兴的中国梦、构建社会主义和谐社会、打造适合社会主义现代化建设的劳动者队伍等具有十分重要的现实意义。

第一，实现中华民族伟大复兴的中国梦需要全国劳动者的共同努力。实现中华民族伟大复兴是中华民族近代以来最伟大的梦想，这个梦想凝聚了几代中国人的夙愿。现在，我们比历史上任何时期都更接近中国梦。但是，我们也应清醒地认识到，在实现中华民族伟大复兴中国梦的征程中，幸福不会从天而降，梦想不会自动成真。基于此，习近平同志深刻指出，"实现中华民族伟大复兴的中国梦，要靠各行各业人民的辛勤劳动"[1]，需要全国劳动者的共同努力，通过真干、实干、勤干，推动中国特色社会主义伟大事业不断向前。

第二，社会主义和谐社会建设需要构建和谐劳动关系。党的十九大报告提出，要"构建和谐劳动关系"[2]。劳动关系是最基本的社会关系之一，能最大限度增加和谐因素、减少不和谐因素，构建和发展和谐劳动关系，是打造共建共治共享的社会治理新格局、推动实现社会主义和谐社会建设的必要途径。对此，习近平同志倡导全社会都要崇尚劳动、热爱劳动，"任何时候任何人都不能看不起普通劳动者，都不能贪图不劳而获的生活"[3]。全社会要始终把劳动群众摆在突出位置，积极引导广大劳动群众参与到党和国家的各项事务中来，有效落实广大劳动群众的各项利益，解决好广大劳动群众普遍关心的突出问题，打造公平公正的和谐社会。

第三，社会主义现代化建设需要一支高素质的劳动者队伍。当今世界正经历百年未有之大变局，我国发展的内部条件和外部环境正在发生深刻复杂的变化。面对日益激烈的国际竞争，一个国家若要在全球变局中抢占先机、赢得主

---

[1] 习近平. 在同全国劳动模范代表座谈时的讲话 [N]. 人民日报，2013-04-29 (2).
[2] 习近平. 决胜全面建成小康社会 夺取新时代中国特色社会主义伟大胜利：在中国共产党第十九次全代代表大会上的报告 [M]. 北京：人民出版社，2017：37.
[3] 习近平. 在庆祝"五一"国际劳动节暨表彰全国劳动模范和先进工作者大会上的讲话 [N]. 人民日报，2015-04-29 (2).

动，国民素质特别是广大劳动者的素质起着至关重要的作用。劳动者是生产力中最活跃的因素，人才资源是第一资源。我国拥有一支包括广大工人、农民、知识分子等在内的劳动者大军，每个劳动者都是促进我国社会发展的重要力量。因此，全社会要始终高度重视提高劳动者素质，培养宏大的高素质劳动者大军。党的十九大报告提出，要加快建设创新型国家，把我国建设成为科技强国、质量强国、航天强国、网络强国、交通强国、数字强国。这些建设目标的实现既需要一大批高水平的科技人才、创新团队予以支撑，也需要一大批高素质的产业工人、乡村人才、大国工匠等的不懈奋斗。基于此，习近平同志强调，"要教育孩子们从小热爱劳动、热爱创造"①，切实加强劳动教育，努力把广大青少年培养成热爱劳动、尊重劳动、勤于劳动、善于劳动的高素质劳动者，使他们成为德智体美劳全面发展的社会主义建设者和接班人，承接起实现中华民族伟大复兴的历史重任。

第三节　新时代大学生择业观

马克思曾指出："意识在任何时候都只能是被意识到了的存在，而人们的存在就是他们的现实生活过程。"② 我国进入了中国特色社会主义新时代，当代大学生的择业观也因为社会存在的变化产生了新特征。

一、择业观的内涵及影响因素

（一）择业观的内涵

择业就是择业者根据自己的职业理想和能力，从社会上各种职业中选择其中的一种作为自己从事的职业的过程。大学生择业，指的是大学生结合自身认识与社会需要，在多种职业中挑选到一份自己所从事的职业的过程。选择多样

---

①庆祝"五一"国际劳动节暨表彰全国劳动模范和先进工作者大会隆重举行［N］. 人民日报，2015-04-29（4）.

②马克思恩格斯选集：第1卷［M］. 中共中央马克思恩格斯列宁斯大林著作编译局，编译. 北京：人民出版社，2012：152.

性和自主性是当今大学生择业的重要特征。

择业观是择业主体对选择某种社会职业的基本看法，包含择业认知、择业价值、择业理想、择业实现、择业心理等五个维度。大学生的择业观与大学生自身的世界观、人生观、价值观有着密切联系，但二者又不能完全等同。大学生的择业观对于其择业行为具有重要影响。大学生择业时一般会结合职业认知中的薪酬水平、工作地点、发展空间、工作环境等，在各种可供选择的职业中选定自己所从事的职业。

（二）择业观的影响因素

大学生择业观会受到社会环境、学校教育、家庭环境、个人素质等多方面因素的影响。

1. 社会环境方面

其一是国家就业政策方面的影响。毕业生就业政策是国家在某一发展时期内所制定的方针政策在人才资源如何配置问题上的具体反映，是实现人才合理配置的指导原则，也对大学生择业行为具有导向约束作用。我国就业政策主要经历了"统招统分""双向选择""自主择业"三个阶段。在"统招统分"阶段，大学生在择业观上更强调社会价值，个人意愿服从国家需要；"双向选择"阶段逐渐去除了"包分配"，开始进入自主择业阶段；2001年之后大学生就业彻底进入"自主择业"阶段，大学生就业被赋予更多内容。

其二是经济体制方面的影响。经济基础决定上层建筑，经济的发展可以对政治、科技、文化等方面产生影响。计划经济时代，国家对社会资源、人才资源进行统一配置，个人需求要服从国家整体安排，在择业观中个体意愿体现很少。十一届三中全会以后，中国实行对内改革、对外开放的政策，经济体制实现了从高度集中的计划经济体制向社会主义市场经济体制的转变。经过40多年的不断探索，中国的经济、军事、政治、科技、教育、文化、体育、社会等多方面走向全面开放，并取得了举世瞩目的成就。大学生择业观也出现了巨大转变。

其三是社会文化方面的影响。伴随着改革开放的推进，我国经济实现了飞速发展，随之而来的是社会观念由一元向多元发展。社会多元化使传统的一元道德评价标准受到冲击，义利观、择业观、消费观都随着时代发展不断调整。这对大学生的择业观有双重影响。社会主流意识形态中的榜样形象会对大学生起到导向作用，产生积极影响。例如英雄形象、行业精英等。各种消极文化，特别是随着自媒体的发展出现的成功至上、炫富、拜金等观念、现象和行为则对大学生择业产生负面影响。

其四是用人单位方面的影响。用人单位的招聘方式、人才标准等都会直接影响大学生的择业观。例如，很多学校在编制人才培养方案时都会到知名企业去调研，将调研结果作为人才培养标准的重要参考因素。用人单位在学历、能力方面的要求，会激励大学生提高自己的知识水平和实践能力。用人单位如果重视各类资格证书，就势必会引导一部分大学生投入考证大军。各类考证会产生两方面的影响：一方面，帮助学生及早进行职业规划；另一方面，一味追求考证，会导致在校学习和考证之间的不平衡，影响课程学习。有的用人单位存在招聘歧视的情况，如户籍歧视、性别歧视、年龄歧视、外貌歧视、地域歧视等。这些歧视会对大学生的择业观产生负面影响。受歧视的同学会觉得社会冷酷无情，有可能会因此产生错误的人生观和择业观。

2. 学校教育方面

其一，高校扩招后高等教育由精英化向大众化转变，直接导致毕业生数量增多。有些专业社会需求岗位增加速度不能与毕业生增加数量同步，进而导致就业难度和竞争压力增大，由此便形成了大家常说的"先就业再择业"的择业观念，也导致"啃老族"等逃避就业的群体的出现。

其二，高校教师在课堂教学和校园文化活动中对大学生未来职业规划的引导会对学生的择业观产生潜移默化的影响。另外，学生会在专业课学习过程中对以后从事的职业进行情境联想，产生或喜欢或排斥的心理，进而对未来的职业选择形成间接的影响。

其三，校园媒体和朋辈群体也会对毕业生产生影响。校园中举办的讲座、宣讲会、招聘会，各类校园媒体所传递的具有指向性的就业信息和积极向上的就业观念，可以让毕业生调整个人的择业观和择业方向。朋辈是大学生离开父母后在大学校园中重要的心灵依托，朋辈群体由于年龄、爱好等诸多相同点而产生共同语言，择业时容易互相咨询，同时，朋辈中的优秀者也会成为大学生效仿的对象。

3. 家庭环境方面

家庭在大学生择业观形成过程中具有学校和社会无法替代的作用。家庭经济条件、父母的职业、父母的观念等都是影响大学生择业观的重要因素。

（1）家庭经济条件对毕业生择业观的影响。对于家庭经济条件较好的大学生而言，他们的择业观中可能会淡化经济价值因素，而对于家庭经济条件较差的大学生而言，他们的择业观中可能会强化经济价值因素。

（2）父母的职业对毕业生择业观的影响。有的父母希望子女能够继承他们的事业，并且能在相关领域提出很多意见和建议，而有的父母则不希望子女成为自己的同行，这些都会对大学生的择业观产生影响。

（3）父母的观念对毕业生择业观的影响。父母对子女的关心是多方面的，也包括择业。父母会根据自身的生活经验、阅历、社会认识水平、价值观念对子女择业进行干预和引导。例如：保守和求稳的家长，可能会过分强调职业的高稳定性；价值观有偏差的家长，可能会使子女陷入追求个人本位、功利主义等择业误区。

4. 个人素质方面

毕业生因个人兴趣、个人需要、个人能力不同会产生不同的择业观。兴趣是最好的老师，个人兴趣是影响择业观的重要因素；同样，个人需要和个人能力也会对择业观产生影响。例如：毕业生如果更看重自由和个性的发挥，在选择职业时就会考虑自由职业或相对宽松的工作环境；毕业生如果更看重薪资待遇，会更偏向报酬丰厚的职位；自身能力较强的毕业生，职业期望值更高，能力较弱的同学，则会降低期望值。

二、大学生择业形式与择业中存在的问题

(一) 大学生择业形式①

1. 签就业协议形式就业

(1) 毕业生与用人单位签订就业协议书,用人单位接收毕业生人事档案。

(2) 招录进各级机关、事业单位(非选调生)。

(3) 定向、委托培养毕业生。

(4) 部队招收的士官或文职人员。

(5) 医学规培生(与规培基地签订的协议书)。

2. 签劳动合同形式就业

(1) 毕业生依法与用人单位签订劳动合同(与就业单位签订的由人社部门统一制定或是能通过人社部门进行备案的劳动合同)。

(2) 毕业生到国际组织任职、国外或境外公司工作。

3. 科研助理

科研助理指被高校、科研机构或企业聘用为博士后、科研辅助研究人员、实验技术人员、技术经理人、学术助理、财务助理等。

4. 应征义务兵

应征非士官义务兵。

5. 国家基层项目

(1) 三支一扶。

(2) 西部计划。

6. 地方基层项目

(1) 特岗教师。

---

① 资料来源:辽宁省大学生智慧就业创业云平台。

(2) 选调生。

(3) 农技特岗。

(4) 乡村医生。

(5) 其他。

7. 自由职业

自由职业指以个体劳动为主的一类职业，如作家、自由撰稿人、翻译工作者、中介服务工作者、某些艺术工作者、互联网营销工作者、全媒体运营工作者、电子竞技工作者等。

8. 自主创业

自主创业指创立企业（包括参与创立企业），或是成为企业的管理者。自主创业主要包括个体经营和合伙经营两种类型，一般包含以下三种情况。

(1) 创立公司（含个体工商户）。

(2) 在孵化机构中创业，暂未注册或注册当中。

(3) 电子商务创业，利用互联网平台从事经营类活动。

9. 升学

(1) 考取研究生。

(2) 攻读第二学士学位。

(3) 专科升普通本科。

10. 出国、出境

毕业生出国、出境深造。

11. 不就业拟升学

毕业生暂不打算就业，准备升学考试。

12. 待就业

待就业指有就业意愿但尚未就业的情况，主要包含以下几种情形。

(1) 求职中：正在择业，尚未落实工作单位。

（2）签约中：已确定就业意向，准备正式签订协议或合同。

（3）拟参加招录考试：准备参加公务员、事业单位公开招录考试。

（4）拟创业：准备创业，尚未在工商行政管理部门注册登记，拟创立的实体尚未开始实际运营。

（5）拟应征入伍：准备应征入伍，尚未被批准。

（二）大学生择业时存在的问题

第一，择业观存在偏差。择业时，有的毕业生就业期望值过高，对单位和城市过分挑剔，对理想单位过于执着，过于追求高薪酬的工作岗位，缺乏对自身和就业市场正确评估，不愿意到私营企业、基层单位和艰苦的地方就业。也有一部分毕业生存在逃避、自卑和懒惰的不健康心理，求职意愿不强烈，缺乏主动性、计划性。

第二，就业岗位少及企业保障缺失。部分专业就业岗位少，并且个别单位还存在性别歧视，同等条件下男同学更容易受到就业单位的青睐。同时，就业市场存在不规范现象。个别私企和外企每年招聘大量的毕业生分配到实习岗位，实习期满时却以种种理由不让毕业生转正或不与毕业生签订正式劳动合同，或受市场经济和社会环境的影响随意裁员，导致毕业生的权益、福利无法得到保障。个别单位"996""997"加班现象也较为普遍，致使毕业生对工作单位缺少归属感和文化认同。

第三，部分高校毕业生职业能力欠缺。职业能力包括专业能力、社会能力、方法能力。"专业能力是基本职业能力，是指在专业知识和技能的基础上有目的的、符合专业要求的、按照一定方法独立完成任务、解决问题和评价结果的热情和能力；社会能力是指具备从事某种职业活动所必需的行为能力，包括人际交往、职业道德、公共关系等；方法能力是指具备从事某种职业活动所需要的工作方法和学习方法，包括制定工作计划的步骤、解决实际问题的思路、评估工作结果的方式等。"[①] 毕业生如果欠缺基本的职业能力，择业时就

---

①严中华.职业教育课程开发与实施：基于工作过程系统化的职教课程开发与实施[M].北京：清华大学出版社，2009：212.

难免出现困难和障碍。

三、正确择业观的培育

大学生是国家的未来，民族的希望，是社会主义的建设者和接班人。就业不但关涉大学生个人的发展，也影响国家和社会的发展。树立正确的择业观，对大学生顺利走进职业生活具有重要的现实意义。

（一）正确认识自己和自己想从事的职业，做好充分的择业准备

首先，大学生要正确认识自我，了解自己的性格、气质，以及能力、兴趣、特长等，恰当地给自己定位，弄清自己适合干什么、能干什么，从而确定大致的择业方向和范围。其次，大学生应对自己想从事的职业进行深入综合分析，了解该职业所需的专业能力、方法能力、社会能力等，掌握职业的性质、工作环境，以及发展空间、就业机会和薪酬待遇。大学生应为自己确立一个清晰的职业定位，并善于抓住机会，不盲目跟风，理性选择，实现个人职业目标。

（二）树立崇高的职业理想，服从社会发展的需要

大学生应该用发展的眼光正确审视个人发展和社会发展之间的关系，确定自身的发展方向。当代大学生要树立崇高的职业理想，把个人理想与全面建设社会主义现代化强国紧密结合，科学规划自身发展目标，客观评价自身发展层次，做好近期规划和远景规划，并在实践中把个人职业理想转化为现实。

（三）改变传统择业观念，遵循市场发展规律

传统的择业观念相对看重职业的稳定，在职业选定后就"活到老，做到老，靠到老"，把某一职业看成终身制。随着社会主义市场经济的发展，这种传统的择业观念已经不符合社会发展趋势，毕业生应遵循市场经济发展规律，转变择业观念，从自身能力和兴趣出发，理性选择职业，并要树立起终身学习和多次就业的观念，用知识不断充实自己，开拓职业发展的空间。不求一劳永

逸，但求不断进取，我们要在实际工作中锻炼自己、提高自己、发展自己。

（四）降低就业姿态，发挥敢拼敢闯的朝气

正确的劳动观念是维系人们职业生活的思想观念保障，每一位毕业生只要肯学、肯干、肯钻研，练就一身真本领，掌握一手好技术，就能立足岗位，成长成才。机会往往也是靠自己创造出来的。无论就业环境多么严峻，只要能脚踏实地、放低姿态，从普通岗位做起，逐步成长，把握每一个机会，就会找到属于自己的人生舞台，就能在劳动实践中发现广阔的天地，在劳动实践中体现价值、展现风采、感受快乐。

（五）坚持爱岗敬业，增强竞争和创新意识

竞争是指不同个体或群体之间试图超过对方赢得胜利的心理或行为。随着市场经济的发展，竞争意识已经被社会普遍接受。高校毕业生要努力提高自身职业能力，时刻加油充电，干一行、爱一行，勤勉务实，发扬工匠精神，不断增强竞争意识，提高自信心，适时主动出击，敢于竞争，秉持"人无我有、人有我优、人优我特"的积极择业心态，在竞争中不断突破思维定式，增强创新意识，提高创新思维能力。

课后思考题

1. 劳动的实质是什么？如何理解"劳动无高低贵贱之分"？
2. 为什么说习近平新时代中国特色社会主义思想是对马克思主义劳动观的创新与发展？
3. 如何树立正确的择业观？

第二章　秉承劳动精神、劳模精神、工匠精神、时代精神

学习目标

1. 理解劳动精神、劳模精神、工匠精神、时代精神的内涵。
2. 自觉信仰、秉承劳动精神、劳模精神、工匠精神、时代精神。
3. 积极投身建设社会主义现代化强国的时代伟业。

习近平总书记在全国劳动模范和先进工作者表彰大会上指出:"在长期实践中,我们培育形成了爱岗敬业、争创一流、艰苦奋斗、勇于创新、淡泊名利、甘于奉献的劳模精神,崇尚劳动、热爱劳动、辛勤劳动、诚实劳动的劳动精神,执着专注、精益求精、一丝不苟、追求卓越的工匠精神。"① 新时代,劳动模范的责任与担当发生了变化,他们不仅需要具备新思想和新技能,还应该具备精益求精的工匠精神、与时俱进的时代精神与爱国情怀。只有将民族的振兴和国家的强大作为个人的奋斗目标和人生追求,个人的智慧才会充分迸发出来。对此你如何理解?

---

① 习近平. 在全国劳动模范和先进工作者表彰大会上的讲话 [N]. 人民日报,2020-11-25(2).

第一节　秉承劳动精神

劳动精神是每一位劳动者为创造美好生活而在劳动过程中秉持的劳动态度、劳动理念及其展现出的劳动精神风貌。它是广大劳动人民劳动观念和劳动实践的积极表现，展示了劳动者热爱劳动和辛勤劳作的精神风貌，反映了一个民族的价值取向；它既是马克思主义劳动观的丰富和发展，也是对广大劳动者伟大实践的高度概括。

一、劳动精神的内涵

党的十八大以来，习近平同志关于劳动和劳动精神的系列重要讲话是我们正确理解新时代劳动精神的重要依据，也是大力弘扬新时代劳动精神的重要参考。关于劳动，习近平同志强调："劳动是财富的源泉，也是幸福的源泉。人世间的美好梦想，只有通过诚实劳动才能实现；发展中的各种难题，只有通过诚实劳动才能破解；生命里的一切辉煌，只有通过诚实劳动才能铸就。"[①] 在全国劳动模范和先进工作者表彰大会上，习近平同志提出要"大力弘扬劳模精神、劳动精神、工匠精神"，并指出劳动精神的内涵为"崇尚劳动、热爱劳动、辛勤劳动、诚实劳动的劳动精神"[②]。崇尚劳动是对劳动本质的认识问题，就是要真正认识到劳动是人类社会存在和发展的基础，是创造世界、推动历史、促进人全面发展的重要手段。热爱劳动是对待劳动的情感问题，就是要有勇挑重任的担当，要有热爱劳动的理念。辛勤劳动是指劳动过程中不怕苦、不怕累，踏实工作、埋头苦干、敬业乐业，这是对劳动者素质的基本要求。诚实劳动是指在劳动过程中要坚持实事求是的原则，劳动报酬实行按劳分配。

劳动创造了中华民族，造就了中华民族的辉煌历史，也必将创造出中华民族的光明未来。习近平同志关于劳动和劳动精神的思想为我们正确认识新时代

---

① 习近平. 习近平谈治国理政[M]. 北京：外文出版社，2014：46.
② 习近平. 在全国劳动模范和先进工作者表彰大会上的讲话[N]. 人民日报，2020-11-25(2).

劳动精神的科学内涵指明了方向。全社会都要尊重劳动、尊重知识、尊重人才、尊重创造，维护劳动者的利益，保障劳动者的权利，要坚持社会公平正义，排除阻碍劳动者参与发展、分享发展成果的障碍，努力让劳动者实现体面劳动、全面发展。全社会都要热爱劳动，以辛勤劳动为荣，以好逸恶劳为耻。

劳动精神是对广大劳动者实践活动的充分肯定和高度赞扬，是对马克思主义劳动观和中国化马克思主义劳动观的继承和创新，也是社会主义核心价值观的应有之义。

二、培育大学生的劳动精神的重要性

在 2018 年全国教育大会上，习近平总书记提出要在学生中弘扬劳动精神。培育新时代大学生的劳动精神，既有利于帮助大学生树立正确的人生观和价值观，又有利于国家培养社会主义的建设者和接班人，对于满足全面建设社会主义现代化强国的人才需求具有重要意义。

（一）培育劳动精神是大学生实现自由全面发展的重要途径

人的发展可分为三个阶段：第一个阶段是人的依赖关系占统治地位的阶段；第二个阶段是以物的依赖关系为基础的独立性阶段；第三个阶段是人的自由个性阶段，个人实现自由而全面的发展①。"每个人的自由而全面的发展"是人类的奋斗目标。这个目标的实现，需要一个渐进的发展过程。在这个过程中，人的发展始终受制于生产力和生产关系。人想要实现自由全面发展，就必须尊重劳动、热爱劳动，依靠辛勤劳动发展生产力、变革生产关系，改善社会生产和发展状况。大学生正处于世界观、人生观、价值观形成和发展的关键阶段，高校只有大力培育学生的劳动精神，才能为他们的自由全面发展打下坚实的基础。

（二）培育劳动精神是完善德智体美劳育人体系的必要手段

习近平总书记在 2018 年全国教育大会上提出要培养德智体美劳全面发展

---

① 孙建华. 马克思主义中国化思想通史：第 3 卷［M］. 北京：人民出版社，2019：827.

的社会主义建设者和接班人。劳动是基础，渗透到德智体美教育的全过程，德智体美教育最终要通过劳动实践才能外化于人们的行为习惯。培育劳动精神是全面贯彻党的教育方针的基本要求，是落实立德树人根本任务的必然选择。只有德智体美劳五育相互融合、相互推动，才能形成完整健全的教育体系，为国家培养更多的高水平人才，推动国家和社会发展。培育劳动精神是新时代育人体系的重要组成部分，对现代化人才培养具有重要作用。劳动精神培育应发挥它的功效，以劳树德、以劳增智、以劳强体、以劳育美、以劳创新，建立更加完善的德智体美劳育人体系，突出劳动精神在高校育人体系中的化育功能，为大学生的成长成才助力。

（三）培育劳动精神是建设创新型国家的必然要求

"人民创造历史，劳动开创未来。"劳动是人类的本质活动，劳动光荣、创造伟大是对人类文明进步规律的重要诠释。在全国人民的共同努力下，中国特色社会主义进入了新时代。新时代需要新发展，新发展需要新支持，这个支持就是劳动。只有通过实践劳动才能不断探索创新，只有不断探索创新才能驱动快速发展。所以，建设创新型国家，建立现代化经济体系，实现产业转型升级，都需要培育劳动精神。我国目前正处于"两个一百年"奋斗目标的历史交汇期，大学生是推动"两个一百年"奋斗目标实现的生力军。新时代劳动的复杂性对创造性劳动提出了更高要求，也必然对以大学生为主的时代新人提出更高要求。高校只有培育大学生的劳动精神，才能涌现出更多堪当民族复兴大任的时代新人，达到由量变到质变的突破，实现建设创新型国家的战略目标。

三、大学生劳动精神的塑造

中华人民共和国成立以来，党和国家对学校开展劳动教育一直非常重视，明确指出"教育必须同生产劳动相结合"。为了贯彻党的教育方针，学校积极开展劳动教育，如早期的学生忙假、学校劳动周以及现在的实践课等，在一定程度上促进了学生德智体美劳全面发展。然而，随着社会的发展，大学生的劳动观念、劳动习惯、劳动态度出现了不同程度的弱化、退化和软化现象，与新时代发展要求不相符合,其主要表现在以下方面。

一是劳动观念弱化。劳动作为人类社会存在和发展的基本方式,也是个人全面发展的重要条件,但部分大学生并不能深刻理解,反而有轻视体力劳动、漠视劳动成果、鄙视劳动人民等行为,如交际中故意隐瞒农村背景、校园里假装不认识农民父母、生活中不尊重环卫工人、择业时不愿意从事一线劳动等。这些行为与新时代青年的标准相去甚远,亟须加强教育引导。

二是劳动习惯退化。部分学生明显没有掌握基本的劳动技能,劳动习惯也不好。例如：宿舍换洗衣物成堆,个人物品凌乱,生活垃圾遍地;不会收拾家务,不懂土地农活,四体不勤、五谷不分;在实验室不会使用基本设备,生活中不能维修一般设备。这些情况与新时代青年应具备的素质格格不入,因此高校大学生必须加强劳动锻炼。

三是劳动态度软化。按劳分配是社会主义收入分配的基本原则,也是促进社会公平的重要手段。经过高考洗礼的大学生更应该懂得付出才有收获,但目前仍有少部分学生存在投机取巧、想不劳而获的不端行为。例如,平时不用功,考试作弊,混文凭,以及奢侈消费,甚至欺诈行骗等。这些情况的存在与新时代劳动精神的弘扬背道而驰,亟待加强教育管理。

在此背景下,大学生需要深刻反思,深化认识,逐步提升对新时代劳动精神的认识,塑造劳动精神。

第一,自觉提升对劳动及劳动精神的思想认同。思想认同从心理学上讲是一个多维的复杂心理结构,是一个动态的态度变化过程。认同的核心主要是价值认同,也就是个体通过自己的价值判断、价值选择,最终形成价值认同。大学生可以从以下两方面提升对劳动及劳动精神的思想认同。一要认真学习思政课程。要通过思政课深入学习劳动精神,学习马克思主义经典著作中关于劳动的论述,从社会发展去构思,通过人性解读去追问,大力弘扬崇尚劳动、热爱劳动、辛勤劳动、诚实劳动的新时代劳动精神。二要注重文化涵养。要深入挖掘优秀传统文化中的劳动精神,如"一屋不扫,何以扫天下"的人生哲理,"谁知盘中餐,粒粒皆辛苦"的思想觉悟,积极培育劳动精神。

第二,积极参加校园劳动,实地践行劳动精神。实践是检验真理的唯一标准,以实践涵养自身高尚的劳动情怀,是培养知行合一的重要方法。同学们只有投身劳动实践，才能检验劳动的价值，产生情感共鸣，接受劳动锻炼，创造劳动价值。一要加强日常劳动习惯的养成，注重个人卫生，经常洗衣晒物，定期打扫宿舍，珍惜劳动成果，培养自身热爱劳动的良好习惯。二要定期参与劳动实践，利用寒暑假、双休日等，开展专业实践、义务劳动、参观考察、宣传调查、敬老助残等活动，培养国民情感和劳动情怀。三要和创新创业活动相结合，突破常规思维，敢于推陈出新，勇于开创局面，积极参加创新创业实践、创新创业竞赛，大力培养创新性劳动精神。

第三，充分发挥榜样作用。榜样具有示范、激励、矫正等功能，为追随者确立目标，为学习者提供范例。大学生要注重榜样的示范作用，特别要向朋辈榜样看齐。朋辈的年龄相仿，生活经历相似，因此朋辈的影响最为直接，行为最易模仿。

在高校积极弘扬新时代劳动精神，既是思想政治教育的重要内容，也是人才培养的现实需要。只有充分认识人类劳动的实践意义，明晰大学生弘扬劳动精神的时代价值，大力开展高校劳动教育，才能培养担当民族复兴大任的德智体美劳全面发展的社会主义时代新人。

第二节　秉承劳模精神

"爱岗敬业、争创一流，艰苦奋斗、勇于创新，淡泊名利、甘于奉献"的劳模精神是对新时代劳动模范这一群体所展现的宝贵精神的总结，是伟大时代精神的生动体现。"劳动模范和先进工作者是坚持中国道路、弘扬中国精神、凝聚中国力量的楷模，他们以高度的主人翁责任感、卓越的劳动创造、忘我的拼搏奉献，为全国各族人民树立了学习的榜样。"[①] 习近平在庆祝"五一"国际劳动节暨表彰全国劳动模范和先进工作者大会上的讲话中肯定了劳模精神的重要地位，强调了劳模精神在新时代的重要价值。那么，在新时代如何理解劳模精神？这一伟大精神在新时代具有怎样的意义？这些劳动模范的成长经历对

---

① 习近平. 在庆祝"五一"国际劳动节暨表彰全国劳动模范和先进工作者大会上的讲话[N]. 人民日报，2015-04-29（2）.

于新时代劳模的培育具有怎样的启示？这些问题是新时代研究劳模精神需要回答的重要理论与实践问题，对于劳模精神的宣传、弘扬与培育具有重要的时代意义。

一、劳模精神的内涵

劳模精神是劳模在平凡岗位上取得不平凡业绩所坚持坚守的基本信念、价值追求、人生境界及展现出的整体精神风貌。"劳动模范身上体现的'爱岗敬业、争创一流、艰苦奋斗、勇于创新、淡泊名利、甘于奉献'的劳模精神，是伟大时代精神的生动体现。"[1] 习近平同志关于劳模精神的表述，为我们科学理解和大力弘扬劳模精神提供了正确的方向和指导。这就需要我们既要正确理解这一表述中六个方面各自的含义，又要从整体上把握劳模精神的科学内涵。

从总体上看，这一表述一方面道出了劳模之所以能在广大劳动者群体中脱颖而出的根本原因，另一方面也为广大劳动者群体提出了奋斗的目标和方向。在六个方面中，爱岗敬业是本分，争创一流是追求，艰苦奋斗是作风，勇于创新是使命，淡泊名利是境界，甘于奉献是修为。做一个守本分、有追求、讲作风、担使命、有境界、有修为的人，是每一位劳模的精神风范，更是每一位劳动者应该追求的目标。

通过学习广大劳模的事迹，我们可以发现，理解劳模精神就是要理解敬业、奉献、创新、奋斗这四个关键词。劳模精神中明确体现了敬业、奉献、创新、奋斗的本质特征。感恩、坚持、诚信等都是劳模的优秀品质，但敬业、奉献、创新、奋斗是劳模的共同核心特质，是新时代劳模精神最为重要的内涵。

随着社会变迁，劳模的内涵不断变化，劳模的行业来源越来越丰富，劳模的职业化特征也愈加凸显。劳模的选树由"传统型劳模"向"创新型劳模"转型，由"出大力、流大汗""苦干加巧干"向知识型、创造型、智慧型转变。但无论如何变迁，"领跑时代"仍是劳模身上历久不变的精神核心。

---

[1] 习近平. 在知识分子、劳动模范、青年代表座谈会上的讲话 [N]. 人民日报, 2016-04-30 (2).

(一) 敬业是劳模精神的基础

劳动者成为劳动模范要坚持的第一个原则就是敬业,敬业是普通劳动者成为劳动模范的基本品质。敬业不仅是中华民族的传统美德,同样也是新时代社会主义核心价值观的重要内容。敬业,就是一个人在职业领域内具有责任感和使命感,在热爱的基础上全身心投入的精神状态。

正是因为有自觉、强烈的敬业态度,劳模们才能以车间为家、以单位为家,才具有积极主动的奉献意识、创新意识、奋斗意识、职业意识,才能把普通、平凡的工作做得不平凡。对广大劳动者而言,敬业是一种普遍要求,但对劳模而言,敬业并不是一种严格要求和约束准则,而是一种自然的工作态度,一种发自内心对工作的热爱和对劳动的追求。敬业是劳模精神的基础。敬业的工作态度使得劳模对岗位无私奉献、拼搏奋斗、进取创新。

(二) 奉献是劳模精神的重点

所谓奉献,是指对工作不求回报的爱和全身心的付出。劳模的工作是为人民服务的工作,是为建设社会主义现代化强国而奋斗的工作。劳模的无私奉献使得他们为所从事的工作和行业创造更大的效益,使中国特色社会主义各项事业蓬勃发展。劳模的无私奉献同样表现在对他人的关心和爱护上。他们在做好本职工作的同时尽自己所能帮助他人,为有困难的人带去帮助和希望,在实现自身幸福的同时不忘为他人带来幸福。为公奉献、为民奉献的劳模将自己的大部分时间和精力都投入工作,投入帮助他人的行动中,从而为单位作出了更多贡献,为他人提供了更多温暖。对工作的奉献、对他人的奉献是劳模无私付出的优良品质的见证。

(三) 创新是劳模精神的核心

习近平同志指出,创新是引领发展的第一动力[①]。抓创新就是抓发展,谋

---

① 习近平. 在同全国劳动模范代表座谈时的讲话 [N]. 人民日报, 2013-04-29 (2).

创新就是谋未来。广大劳动者要在工作岗位上努力做好自己的工作，而劳模能在普通劳动者中脱颖而出的核心要素之一就是创新。社会发展日新月异，只有不断创新才能在平凡的工作岗位上取得不平凡的业绩。新的工作方法、新的工作制度、新的工作技术都是创新，不管什么岗位、什么工作都需要创新，任何一个小创新都会对工作效率、工作效益起到重要作用。因此，劳模的突出贡献得益于创新。社会主义制度具有集中力量办大事的优势。每一个劳动者都作出一点创新，为工作作出一点贡献，中国特色社会主义各项事业的发展则会实现巨大的进步。

（四）奋斗是劳模精神的关键

奋斗是中华民族的传统美德，是中华民族发展史中不可缺少的重要精神力量，同样也是新时代宝贵的精神财富。中华人民共和国成立以来，经济的发展、人民生活水平的提高都离不开劳模奋斗的身影。正是得益于每一位劳动模范的不懈奋斗，我国才能在"站起来""富起来""强起来"的道路上一步步前进。奋斗就是为了克服困难达成愿望所做的努力。大多数劳模的人生并不是一帆风顺，甚至经历了很多挫折、磨难，但他们仍以拼搏奋斗的生活姿态努力在自己平凡的工作岗位上获得不平凡的成绩，从而创造了精彩的人生。只有以奋斗的生活姿态面对生活中的磨难才能笑对人生。

二、弘扬劳模精神

劳动模范作为劳动群众的杰出代表，是普通劳动者个人发展的标杆，是推动企业发展的动力源泉，是促进社会发展的突出贡献者。大学生如何在劳模精神的浸润下成长为优秀的劳动者，为中国特色社会主义事业的发展贡献力量，是全社会、高校及大学生自身都需要深入思考的问题。

（一）立足家风建设，弘扬劳模精神

家庭是人生的第一个课堂，家风是一个家庭的精神内核，良好家风具有潜移默化的浸润作用。"我们要重视家庭文明建设，努力使千千万万个家庭成为

国家发展、民族进步、社会和谐的重要基点,成为人们梦想启航的地方。"①习近平同志关于家风的重要论述鲜明地体现出良好家风的重要作用。在良好家风影响下成长起来的劳动者具有家庭教育中所推崇的优良品质,具有工作中所需要的端正态度,具有遇到困难时所需的坚韧品格。良好的家风造就劳模的行为习惯,是劳模前进道路上的重要精神支撑,而不良家风则会导致一个人、一个家庭乃至社会的不良风气的形成,是个人发展、家庭和谐、社会进步的制约因素。因此,培育优良家风是新时代弘扬劳模精神的内在要求。全社会要加强对中华优秀传统家风、家训以及老一辈革命家的优良家风的宣传与弘扬;大学生要立足家庭,寻找家庭中值得学习的榜样,并以家庭劳动为起点,从我做起,培育新时代优良家风。

(二) 立足学校及社会实践,弘扬劳模精神

学校教育是学生学习基础文化知识、提高思想道德修养的主渠道。无论在思想政治教育课程还是专业课程中,大学生均须对教师在教学中引入的榜样人物事迹予以充分重视,认真学习和领会如何扣好人生路上的第一粒扣子,培养正确的世界观、价值观、人生观,树立远大的理想,为自身成长、成才奠定良好的基础。

社会实践环节同样是大学生弘扬劳模精神的重要阵地。现代社会日新月异,科学技术的发展使得劳动工具与劳动手段不断更新,劳动者只有不断了解新科技,不断接受工作领域内的新知识,才能有所创新,在平凡的工作岗位上创造不平凡的工作业绩。因此,大学生应勤于参加社会实践,在实践中多学习、多探索,多与一线工作人员特别是先进工作者交流,在思想碰撞中迸发出创新创造的火花,弘扬劳模精神。

(三) 关注劳模典范,弘扬劳模精神

劳模评选制度具有激励与引领功能,劳模自身的行为具有影响他人的精神力量。改革开放四十多年来,中国实现了从富起来到强起来的伟大飞跃。中国

---

① 习近平. 习近平谈治国理政:第2卷[M]. 北京:外文出版社,2017:353.

特色社会主义各项事业的快速发展，同样少不了各行各业的劳模背后的付出。清洁工用他们的双手为我们创造干净的环境，工人用他们的劳动为我们建起一座座建筑，科学家用他们的智慧为我们发展科学技术。每一个劳动者都在为社会发展、国家建设付出劳动。部分更具主人翁意识和无私奉献精神的劳动者获得了劳动模范的荣誉。尽管获得荣誉和奖励不是他们的目的，但是这些外部的认可是对他们付出的劳动的肯定。荣誉的获得使劳模感到自身的付出得到他人的理解，自身的价值得到他人的重视。在获得国家和社会的肯定后，劳模收获了兴奋、幸福之情，同时以更高的热情和更负责的态度回馈社会。因此，国家应不断完善劳模评选制度，加强对劳模精神的宣传与弘扬，以激励劳模继续发挥表率作用，同时引领广大青年不断为实现中华民族伟大复兴而努力奋斗。

第三节　秉承工匠精神

工匠精神是近年来我国的一个热点话题，也是学术界研究的一个重大课题。工匠精神这一概念，常被习近平同志提及，也被写入了党的十九大报告之中。我们应以习近平同志关于工匠精神的重要讲话精神为指导理解工匠精神的科学内涵。

工匠精神本质上是每一位不甘于平庸的劳动者，在平凡的工作中不断对自己提出更高的要求，并不断自我超越、自我提升、自我完善，始终追求做更好的自己时所表现出的工作态度、工作境界、工作习惯，以及整体工作精神面貌。工匠精神可以概括为执着专注、精益求精、一丝不苟、追求卓越。从工匠精神的角度看，执着专注是一个人的本分，精益求精是一个人的追求，一丝不苟是一个人的境界，追求卓越是一个人的情怀。

一、新时代大学生工匠精神的构成要素

（一）正确的劳动观念

劳动没有高低贵贱之分，任何一份职业都很光荣。我们需要转变植根于一

些人心中的"劳心者治人，劳力者治于人"等思想观念，涵养新时代大学生崇尚劳动、尊重劳动、热爱劳动的精神品格。无论是"劳心者"还是"劳力者"，其作为社会主义现代化的建设者，在地位与身份上是等同的，不应该有高低贵贱之分。

（二）精进的处世态度

处在"两个一百年"奋斗目标历史交汇点的新时代大学生，肩负着实现民族复兴的崇高历史使命。新时代大学生持守"精进"的处世态度，不仅会促使其出色地完成学业，更会助推其成就未来的事业。

"精"与"专"紧密相连，"进"与"晋"息息相关。专心致志、心无旁骛地做好本职工作是新时代大学生打开成长成才之门的一把"金钥匙"。工匠绝不是投机取巧、耍小聪明的"精明人"，而是遵循本心做事、遵循本性做人。

过去，一些热心钻营、"嫉慢如仇"的"聪明人"制造的中国"山寨"产品损害了国货的形象与声誉。新时代大学生变聪明的最好方法是秉持精进的处世态度，甘做"傻瓜"，在"守"字上做深、做细、做透、做实。因此，"精进"的处世态度是新时代大学生工匠精神的核心构成要素。

（三）不渝的创新意识

我们并不是要求新时代大学生都去从事手工业生产劳动，而是要从工匠身上秉承宝贵的精神特质，将之融入自身的学习、生活与工作中，不断追求卓越。事实上，单纯地从事重复性劳动，只"低头拉车"不"抬头看路"，并不是我们所倡导的新时代大学生工匠精神。无论我们从事多么普通、平凡、简单的工作，只要有"好点子"并努力去实现，就可以成为工匠乃至巨匠。

每一位新时代大学生均有成为"工匠"的潜质，并且一定要有敢于尝试的想法并将之转化为行动。没有"好点子"是不可能开创出新境界的。"好点子"往往出现在一瞬间，稍纵即逝。新时代大学生要勇于并善于把握创新的时机。以创造性思维探寻更合理解决问题的方法与途径，是优秀工匠应该坚守的精神追求。

二、新时代大学生工匠精神的养成

(一) 坚守"劳动信仰"

将尊重劳动、崇尚劳动、热爱劳动作为一种信仰,无论从事哪种劳动,都全身心地投入,力求做到极致,是一种宝贵的精神品格。著名学者杨绛无论是翻译作品还是在困难时期扫厕所,都力求做到极致。从事翻译工作与打扫厕所在很多人看来是两种截然不同的工作,但杨绛却能够以一颗坦然的心同等看待。由杨绛翻译的《堂吉诃德》被业界公认为一部翻译佳作,经她打扫过的厕所瓷坑、瓷盆雪白锃亮、光洁如新。新时代大学生应该学习杨绛身上这种无论从事何种劳动都追求极致的工匠精神。杨绛是真正将重视劳动作为一种人生信仰的伟大劳动者。无论从事什么样的职业、付出何种类型的劳动,均有必要从工匠精神中汲取养料。倘若一方面高扬传承前工业时代出现于体力劳动者身上的工匠精神,另一方面又轻视、贬低体力劳动,看不起拥有一技之长的体力劳动者,那么新时代大学生工匠精神的养成很可能会流于形式。坚守尊重劳动的信仰,是涵养新时代大学生工匠精神的灵魂。有了灵魂,新时代大学生践行工匠精神才会更有劲头、更有力量。

(二) 培养"注重细节"的学习和工作习惯

无论是从事体力劳动还是从事脑力劳动,都要穷尽自身的心力,对每一个细节都不放松要求,做到精益求精。如此才称得上领会了工匠精神的实质。

新时代大学生需要秉持精进的处世态度,努力提高自己的能力与本领。习近平总书记在中央党校建校 80 周年庆祝大会暨 2013 年春季学期开学典礼上的讲话中特别指出:"本领不是天生的,是要通过学习和实践来获得的。"他告诫我们:"学习需要沉下心来,贵在持之以恒,重在学懂弄通,不能心浮气躁、浅尝辄止、不求甚解。"[①] 新时代大学生要想掌握真本领、硬本领、好本领,

---

① 习近平. 在中央党校建校 80 周年庆祝大会暨 2013 年春季学期开学典礼上的讲话 [M]. 北京:人民出版社,2013:5,11-12.

就不能放松每一个学习与实践的细节，更不能不懂装懂、自己欺骗自己。"注重细节"是培养新时代大学生工匠精神的根本，根深才能枝繁叶茂。

（三）树立原创意识，提升原创能力

我国要从世界大国成长为世界强国，必须在高精尖产品的研发与制造上持续发力，就要在奉行不放过任何一个细节的同时，提升原创能力。原创性成果的孕育是一个从0到1的过程，其中不可避免要承受受挫的压力。从这个意义上来讲提升原创能力要勇于试错。对创新过程中的失败，我们要勇于接受、愈挫愈勇。举凡国内外各行各业的大师巨匠，无不是经历了无数次挫折后顽强站立起来的勇者。勇于接受失败并不意味着可以在同一个问题上反复犯错，而是要从中汲取经验，在接下来的工作中力争做得更好。对培养新时代大学生工匠精神而言，"接受创新中的失败"则是"悦纳不完善的自己"。只有领会工匠精神培养过程中的"快"与"慢"、"成"与"败"、"完善"与"不完善"等辩证法，新时代大学生才能成长为社会主义现代化强国的一流建设者。

三、劳模精神、工匠精神与劳动精神的关系

劳模精神和劳动精神的关系是部分和整体的关系。从主体上看，践行劳模精神的主体是劳模群体，践行劳动精神的主体是所有劳动者，而劳模群体是广大劳动者群体中的佼佼者和杰出代表，也是广大劳动者学习的榜样和楷模。劳模的本意也就是劳动者的模范。劳模群体是劳动者群体的一部分。从这个意义上讲，劳模精神也是劳动精神的一部分。劳动精神是做一名合格的劳动者应该有的精神，劳模精神则是成为劳模必须有的精神。做劳动者不合格，做劳模更不可能。没有劳动精神，也很难有劳模精神。

劳模精神和工匠精神的关系是外力和内力的关系。劳模精神是所有劳动者都应该学习的精神，是影响和引领每一位劳动者从平凡走向不平凡的外力。劳模精神从外部影响每一位劳动者学先进、做先进。工匠精神则是每一位劳动者都应该追求的精神，是激发和激励每一位劳动者不断自我挑战和自我超越的内力。工匠精神从内部唤醒每一位劳动者不断成为更好的自己。劳模精神是超越

别人的精神，因为劳模就是超越了很多劳动者脱颖而出的优秀劳动者。工匠精神是超越自己的精神，是让劳动者成为自己的"劳模"，劳模精神是让劳动者成为别人的"模范"。工匠精神点亮了自己的生命，劳模精神则照亮了别人的生命。

劳动精神和工匠精神的关系是共性和个性的关系。劳动精神是所有劳动者的共性，每一位劳动者都应该有劳动精神。工匠精神则揭示了不甘于平庸的劳动者的个性，是成就优秀劳动者的必要条件。个性不仅是产品和企业的核心竞争力，也是劳动者的核心竞争力。这里所说的劳动者的个性主要是指劳动者在自我超越过程中彰显出的个人优势及其精神状态，也就是工匠精神。换句话说，没有工匠精神的劳动者很难有出色的成就和骄人的业绩。精益求精、追求极致是践行工匠精神的核心，也是成就杰出劳动者的根源。当然，如果工匠精神成就的劳动者不仅大大超越了过去的自己，也大大超越了别人，在企业、行业、全国乃至全世界都成为最优秀的劳动者，那么，他就会成为别人学习的榜样和楷模，最终就会成为劳模，劳模精神也随之产生。

按照马克思主义的基本观点，劳动创造了人本身。劳动精神是成为人的精神，工匠精神是成为更加优秀的人的精神，劳模精神则是成为影响别人的人的精神。成为人、成为更加优秀的人、成为影响别人的人，是一种逐步递进的关系。党和国家现在大力呼吁弘扬劳动精神、工匠精神、劳模精神，目的就在于让每一个人都热爱劳动，成为自食其力的劳动者，更要成为优秀的劳动者，进一步成为广大劳动者群体中的佼佼者和大家学习的榜样。

第四节　秉承时代精神

时代精神是社会前进的动力，是引领当代发展的灵魂。时代精神是特定时代的集体认知，反映了当代社会的思想、价值观和文化氛围。它是时代的核心，代表人们对社会发展和未来走向的共同认识。随着社会的变革，每个时代都面临不同的挑战。时代精神通过集体意识的引领，激励人们思考、探索和创新，推动社会走向更美好的未来。

党的二十大报告明确提出:"坚持以人民为中心发展教育,加快建设高质量教育体系,发展素质教育,促进教育公平。"① 在工作中,我们要坚持党的领导,贯彻立德树人的根本任务,注重德育铸魂,提升智育水平,促进体育融合,培养美育意识,强调劳动教育,全力办好广大人民群众满意的教育。

一、时代精神的内涵

习近平总书记在主持中共中央政治局第五次集体学习时强调:"建设教育强国,是全面建成社会主义现代化强国的战略先导,是实现高水平科技自立自强的重要支撑,是促进全体人民共同富裕的有效途径,是以中国式现代化全面推进中华民族伟大复兴的基础工程。"②

(一)时代精神反映了当代社会的主流思潮和思想观念

时代精神包括对人类社会发展规律的认识,对社会问题和挑战的思考,以及对人类价值和意义的探索。时代精神可以体现在哲学、社会科学、文学艺术等方面。

时代精神反映了社会的主要关注点和发展趋势。它体现了人们对社会问题的关注和思考,反映了社会变革和发展的导向。例如,当今社会关注环境可持续性、社会公正、科技创新等议题,这些议题构成了时代精神的重要内容。

时代精神反映了社会的多样性和包容性。在当代社会,人们持有不同的观点和信仰,拥有不同的文化背景和生活方式。时代精神尊重并包容这种多样性,鼓励对话、交流和理解,促进社会的和谐与进步。

时代精神是社会共识的凝聚体。它体现了人们对于共同价值和目标的认同,成为社会成员共同奋斗的动力。时代精神通过媒体、文化表达、教育等途径传播和弘扬,引导人们形成共同的意识形态和行动方向。

---

① 习近平. 高举中国特色社会主义伟大旗帜 为全面建设社会主义现代化国家而团结奋斗:在中国共产党第二十次全国代表大会上的报告(2022 年 10 月 16 日)[N]. 人民日报,2022-10-26(01).

② 习近平在中共中央政治局第五次集体学习时强调 加快建设教育强国 为中华民族伟大复兴提供有力支撑[N]. 人民日报,2023-05-30(01).

（二）时代精神反映了当代社会对于价值观念的重视和追求

时代精神包括对人的尊严和平等的关注，对社会公平和正义的追求，对环境保护和可持续发展的重视，以及对多元文化和谐共处的倡导。时代精神的价值取向体现了社会的道德观念和行为准则。

在当代社会，人们对公正、平等、自由、尊重和可持续发展等价值观念的追求日益增强。时代精神通过传播正面的价值观念，促进社会的道德进步和文明发展。它鼓励人们树立正确的人生观，认识自身在社会中的责任和使命，强调个体应当遵循道德规范，注重个人的道德修养和道德责任，以促进社会的和谐发展。

时代精神强调了社会责任和公共利益的重要性。当代社会面临着许多复杂的挑战，如环境保护、贫困消除、社会公平等，时代精神要求个体和社会共同承担起这些责任，鼓励人们积极参与社会事务，为社会的进步和发展尽自己的力量。

时代精神反映了文化多样性和包容性的重要性。当代社会存在着不同的文化、信仰和生活方式，时代精神鼓励人们相互尊重、包容和对话，构建和谐的多元社会。时代精神提倡跨文化交流、文化创新和文化遗产保护，促进文化的多元共存和共享。

（三）时代精神反映了当代社会的文化氛围和审美取向

时代精神包括对艺术、文学、音乐、电影等文化形式的喜好和追求，以及对创新、开放和多样性的推崇。时代精神的文化氛围反映了社会的审美观念和文化创造力。

时代精神在文化上呈现出多样性和创新性。它通过独特的表达方式，传达对当代社会和生活的深刻思考和感悟。艺术作品和文化产品通过独特的视角和表现形式展示了当代社会的文化特点和审美趋势。

时代精神还体现了对文化多元性和跨文化交流的重视。在全球化和信息时代的背景下，不同文化之间的交流和融合变得更加频繁和紧密。时代精神鼓励人们欣赏、尊重和理解不同文化的独特性和特色，推动文化的多元共存和共享。

审美取向是时代精神的一部分，它反映了当代社会对于美的定义和追求。时代精神影响了审美观念和审美价值观的形成和变化。在不同的时代，审美取向可能会发生转变，反映出当代社会对于美的新的认知和赏析方式。

二、劳动教育与时代精神的必然联系

培养什么人、怎样培养人、为谁培养人是教育的根本问题，也是建设教育强国的核心课题。我们建设教育强国的目的，就是培养一代又一代德智体美劳全面发展的社会主义建设者和接班人，培养一代又一代在社会主义现代化建设中可堪大用、能担重任的栋梁之材，确保党的事业和社会主义现代化强国建设后继有人。

（一）劳动教育是时代精神的实践之路

劳动教育与时代精神密不可分。劳动教育通过实际的劳动实践，培养学生的劳动精神和素养，使他们适应时代的要求。随着社会的发展和变革，劳动教育将学生置身于真实的劳动环境中，培养他们的创造力、合作精神和责任感，使学生具备适应时代变革和发展的能力。

劳动教育让学生亲身参与社会生产与实践，使他们能够深入体验和理解时代的劳动方式和价值观。在劳动实践中，学生将直接面对社会的需求和挑战，学会解决问题、创新思考和合作协作。这些实际的经验和体验将使学生更加贴近时代，对时代的要求和变革有更为深入的认识。

劳动教育培养学生的实践能力和创造力，使他们能够主动适应时代的发展和变革。时代在不断变化，科技进步、经济发展、社会需求的变化等都在推动社会不断向前。劳动教育为学生提供了锻炼自己的机会，使他们具备了适应和引领时代发展的能力。学生通过劳动实践，不断创造和创新，为时代的进步作出贡献。

劳动教育也能够加深学生对劳动的认识和对劳动价值的体验，培养学生对劳动的敬畏和尊重之情。劳动是社会生活的基石，是人类文明进步的源泉。劳动教育通过实践让学生直接感受到劳动的重要性和意义，让他们认识到劳动的艰辛、创造和奉献。这样的体验将使学生对劳动产生更深刻的认识，激发学生对劳动的热爱和追求，并使学生成为推动社会发展的有力力量。

（二）劳动教育强调了对劳动的重视和认可，体现了时代的劳动价值观

劳动教育与时代精神紧密相连。劳动是社会生活的基础，也是人类进步的动力。劳动教育可以让学生理解和尊重劳动，让学生认识到劳动的重要性，以及为他人和社会创造财富和福祉的意义。在当代社会，劳动的性质和形式正在发生变化，劳动力需求也在不断演变。劳动教育引导学生关注新兴劳动领域和职业，培养他们适应未来劳动市场需求的能力，推动劳动的创新和发展。

劳动教育强调了劳动的重要性。通过实际的劳动实践，学生能够亲身体验到劳动带来的成果和影响。他们认知到劳动是社会生活的基础，是推动社会进步和发展的动力。劳动教育让学生认识到自己的劳动对于社会和集体的重要性，培养了学生对劳动的尊重和敬畏之情。

劳动教育强调了劳动与价值的关系。通过劳动实践，学生能够体验到劳动过程中的付出和收获，了解到劳动与个人的成长和发展密切相关。劳动教育培养学生的价值观念，让他们明白劳动是实现个人价值和社会价值的重要途径，鼓励他们通过劳动为他人和社会创造价值。

劳动教育还强调了劳动与个人品格培养之间的关系。劳动不仅是完成任务和获取报酬，更能培养学生的责任感、团队合作和解决问题的能力。通过劳动实践，学生学会了承担责任、协作合作、发现和解决问题。劳动教育注重培养学生的品格和素养，使他们成为具有社会责任感和职业道德的公民。

（三）劳动教育强调个体与集体的关系和责任，体现了时代对社会责任的要求

劳动教育培养了学生的责任感和社会意识。劳动不仅能追求个体利益，更能为社会和他人承担相应的责任。通过实践和工作体验，学生能够感受到劳动的成果和影响，学会承担责任、团结合作、解决问题。劳动教育使他们认识到

个体劳动对集体和社会的重要性，培养了为社会发展负责、为他人付出的意识和行动能力，符合当代社会对个体与集体关系的需求。

劳动教育强调了个体与集体的关系。通过劳动实践，学生能够深入体验个体在集体中的作用和地位。劳动教育教导学生在集体中协作合作、互帮互助，培养学生的团队意识和集体荣誉感。学生通过劳动实践中的集体工作，体会到集体的力量和集体重要性，认识到个体的价值和作用是与集体的利益紧密相连的。

劳动教育强调了个体对集体的责任。劳动教育培养学生承担责任、勇于担当的意识和能力。学生通过参与劳动实践，明白自己的劳动对于集体和社会的重要性，认识到自己的努力和付出对集体的发展和进步具有积极的影响。劳动教育教导学生要对自己的行为和决策负责，要关注和关心集体的利益，培养了个体对集体的责任感。

劳动教育还通过培养学生的集体观念和社会责任感，让他们认识到个体的成长和发展是与社会的进步和发展相统一的。劳动教育强调个体在社会中的角色和责任，让学生明白自己作为社会一员的重要性，激发他们为社会发展和进步作出贡献的积极性和热情。

三、大学生是时代精神的重要承载者和传承者

习近平总书记指出："为了实现中华民族伟大复兴，中国共产党团结带领中国人民，自信自强、守正创新，统揽伟大斗争、伟大工程、伟大事业、伟大梦想，创造了新时代中国特色社会主义的伟大成就。"[1]

（一）大学生是时代变革的见证者和参与者

当代大学生身处充满变革和创新的时代，见证着社会的发展和变化。他们通过广泛的知识学习和思想交流，对时代的思潮和社会问题有着敏锐的认知和

---

[1] 习近平．在庆祝中国共产党成立100周年大会上的讲话［N］．人民日报，2021-07-02（02）．

独到的见解。他们积极参与社会实践和公益活动，为解决社会问题和推动社会进步贡献自己的力量。

大学生亲身经历和见证了时代的变革。他们生活在一个不断发展和变化的社会环境中，目睹着科技进步、经济发展、社会转型……大学生在学习和成长的过程中，积极参与各类社会活动和实践项目，与不同背景的人们交流互动，感受社会的多样性和复杂性。这使得他们对时代的变革和社会问题有更加深入的理解和认识。

大学生积极参与社会变革和问题解决。他们以积极的态度和创造性的思维，投身各种社会实践和公益活动中。大学生组织并参与志愿服务、社会调研等活动，通过实际行动为社会变革和问题解决贡献力量。他们关注社会热点问题，提出自己的观点和建议，参与社会议题的讨论和决策过程。大学生通过自身的行动，成为时代变革的推动者和引领者。

大学生在学术研究和创新领域发挥重要作用。他们在高等教育的学习环境中，接触到最新的学术知识和研究成果，培养了批判性思维和创新能力。大学生积极参与科研项目和创新竞赛，探索新领域、解决新问题，为社会的创新和发展贡献自己的智慧。他们的研究成果和创新成果，为时代变革提供了新的思路和方法，推动了科技进步和社会进步。

（二）大学生是新思想、新观念的倡导者和传播者

大学生在大学期间接受系统的学科教育和思想启蒙，培养了独立思考和创新思维的能力。他们通过课堂讨论、社团活动、学术研究等多种途径，积极表达自己的观点和理念，推动新思想的传播。他们通过各种渠道和平台，如社交媒体、网络论坛等，影响和引导更广泛的群体，传递时代精神和价值观念。

大学生是具有开放思维和易于接受新观念的群体。他们在大学期间接受广泛的知识教育，接触到不同领域的学科和理论，培养了批判性思维和思辨能力。大学生通常保持着对新思想和新观念的敏感度，并具备自主思考和独立判断的能力。他们在校园内外积极参与讨论、辩论和交流，提出新的见解和观点，推动思想的创新和进步。

大学生通过社会实践和参与社会活动的方式，将新思想和新观念传播给更广泛的人群。他们积极参与社团、学生组织、公益项目等，并乐于展示和分享自己的观点和见解。大学生通过演讲、写作等多种途径，将新思想和新观念传达给同学、朋友、家人及其他群体。从某种程度上来说，他们在社会中扮演着榜样的角色，通过个人的行动和言论引领和影响他人，传播积极、进步的价值观和思想观念。

大学生还在学术研究和创新领域推动新思想和新观念的发展。他们参与学术交流、研究项目和创新竞赛，通过自己的研究和创新成果推动学科的进步和发展。大学生在科学研究、技术创新、社会科学等领域中不断突破和创新，提出新的理论和观点，推动学术界和社会对新思想和新观念的关注和认可。

（三）大学生是创新创业的重要力量

在当今高速发展的知识经济时代，创新创业是推动社会发展和经济繁荣的重要驱动力。大学生敢于尝试、勇于创新，在学习和实践中培养了创新思维和创业意识。大学生通过创新创业活动，推动科技创新、产业升级和社会进步，成为时代精神的践行者。

大学生在学习期间接受了系统的知识培训和专业技能的学习，具备了解决问题和创新的能力。他们在学术研究、实验项目和课程作业中，接触到前沿的科学技术和行业趋势，培养了有利于创新的思维方式和方法。这让大学生能够将学习到的知识和技能应用于实际的创新创业项目中，推动科技和产业的发展。

大学生经济和社会负担较轻，有更多的机会和空间去尝试创新创业。相比于已经步入职场的人群，大学生通常更加勇于创新、敢于冒险，追求自己的梦想和创业目标。大学校园也为大学生提供了丰富的创业资源和支持体系，如创业导师、创业孵化器、创业比赛等，为大学生的创新创业提供了良好的环境和机遇。

大学生具有积极的创新思维和团队合作能力。他们在学习和生活中常常与同学组成团队，共同完成课程项目或者社团活动。这种团队合作的经验培养了大学生的沟通、协调和领导能力，使他们能够更好地与他人合作，共同推动创新创业项目的实施。大学生的团队合作和创新能力也为创业团队的形成和发展奠定了基础。

课后思考题

1. 劳动精神的内涵是什么？劳动精神的培育有何意义？
2. 如何理解创新是劳模精神的核心？你计划如何践行？
3. 新时代大学生工匠精神的构成要素是什么？如何逐步养成工匠精神？
4. 为什么说劳动教育与时代精神密不可分？当代大学生如何通过实际的劳动实践培养自己的时代精神和爱国情怀？

拓展阅读

"当代雷锋"郭明义

1958年12月，郭明义出生于鞍钢矿业齐大山铁矿矿区。他1977年从矿区参军，1980年在部队光荣地加入中国共产党。1981年，郭明义被所在师评为"学雷锋标兵"。1982年，他复员到鞍钢矿业齐大山铁矿工作至今。

从2001年被评为鞍钢精神文明标兵到现在，郭明义先后荣获了鞍钢劳动模范、鞍山市特等劳动模范、辽宁省希望工程突出贡献奖、全国无偿献血奉献奖、中央企业优秀共产党员、全国五一劳动奖章、全国道德模范、全国优秀共产党员等诸多荣誉。2012年，中央文明委授予他"当代雷锋"荣誉称号。此后，他又当选为党的十八届、十九届中央委员会候补委员，两次当选中华全国总工会兼职副主席，并获得"改革先锋""最美奋斗者"等荣誉称号。

入党40多年来，他始终以雷锋为榜样，把为人民服务作为自己永恒的追求，时时处处都发挥了党员的先锋模范作用。他敬业奉献，勇挑重担，在平凡的岗位上，创造了难以估量的物质财富和精神财富。他累计捐款50多万元，资助了300多名贫困学生，给500多个困难家庭送去了温暖、关怀和希望，而他自己却甘于清贫，依然过着简单朴素的生活。

在鞍钢的 30 多年里，郭明义先后在 7 个不同的岗位上工作。可无论做什么他都兢兢业业、任劳任怨，干一行爱一行、钻一行精一行，创造了一流的业绩。

做大型矿用汽车司机时，他创造了全矿单车年产的新纪录；任车间团支部书记时，他所在的支部是鞍钢的红旗团支部；当宣传干事时，他撰写的党课教案在矿业公司的评比中荣获一等奖；做英文翻译时，他以出色的翻译能力和人格魅力赢得了外方专家的赞扬和敬佩；在今天的采场公路管理员岗位上，他更是爱岗敬业、超常奉献的楷模！

作为机关干部，他不必每天到采场，可他却把自己的办公地点移到了露天采场。他每天凌晨 4 点多起床，5 点多就到岗。到岗后，他一边组织夜班工友检修关键路段，一边制订白班作业计划。有人给他做了粗略的统计：在段高落差 200 多米的各个作业平台之间，他每天步行 10 公里以上，20 多年来走了 70000 多公里；他每天提前两个小时到岗，双休日、节假日从不休息，相当于多完成了 6 年多的工作量。

自 1982 年参加工作以后，他就坚持上夜校、上党校，相继取得了大专、本科的文凭，并高分通过了招录干部的考试。1992 年，他参加了矿里组织的英语学习。他是班里年纪最大，但学得最刻苦、进步最快的学员，并在最短的时间内，就具备了书面翻译和口语翻译的能力。

经过 20 多年的不懈努力，他针对采场公路建设、维护而创制的新工艺、新技术和新流程，填补了鞍钢的多项技术空白，使采场公路质量逐年提高，直接创收 3000 多万元。

从 2006 年他第一次发起捐献造血干细胞血液样本采集活动到现在，已经有 5000 多名志愿者采集了血样，10 人成功完成了捐献。

2010 年 6 月，他又成为鞍山市第一批遗体（器官）捐献志愿者，并发起成立了全国人数最多的遗体捐献志愿者俱乐部。

2009 年 7 月，在鞍钢各级组织的支持帮助下，郭明义发起成立了郭明义爱心团队。几年来，在郭明义先进事迹的感召、激励和引领下，爱心团队蓬勃发展，不断壮大。全国二十多个省区市成立郭明义爱心团队 1400 多个，志愿者总数达到240多万名，郭明义爱心团队已经成为极具全国影响力的志愿者团队之一。

2015年以来，郭明义把学雷锋志愿服务延伸到国家精准扶贫领域，组织带领爱心团队广大志愿者积极参与脱贫攻坚战，探索出动员社会资源助力精准扶贫的有效方法。截至2020年年底，已经有超过1300个爱心团队捐款3000多万元，结对捐助了6400多户国家精准扶贫建档立卡户。

"赠人玫瑰，手有余香。"郭明义爱心团队以雷锋为榜样，在服务社会、奉献社会中，取得了显著成绩。2014年3月，爱心团队收到了习近平总书记的回信，回信指出，爱心团队"以实际行动书写新时代的雷锋故事，为实现中国梦有一分热发一分光"，对郭明义爱心团队给予高度认可。

第三章 劳动素养评价

学习目标

1. 了解劳动素养的内涵。
2. 理解劳动素养评价的重要性。
3. 掌握劳动素养评价体系。

2020年3月,《中共中央 国务院关于全面加强新时代大中小学劳动教育的意见》(以下简称《意见》)就全面贯彻党的教育方针,加强大中小学劳动教育进行了系统设计和全面部署。《意见》明确提出,在大中小学设立劳动教育必修课程,并把学生劳动素养评价结果作为高一级学校招生录取的重要参考或依据。对此,你如何理解和评价?

第一节 劳动素养的内涵

劳动素养是一个复杂的结构,可以从人的主体性、精神成长、创新创造、幸福追求等方面拓展。劳动素养超越传统的知识和能力范畴,既需要有劳动意识、劳动尊重、劳动责任等"想劳动"的思想观念,也需要有劳动知识、劳动技能、劳动创造等"会劳动"的过硬本领,更需要有认为"劳动最光荣、劳动最崇高、劳动最伟大、劳动最美丽"的价值追求，进而形成自觉劳动、安全劳动、诚实劳动的劳动习惯，从而为人们的终身发展和幸福人生奠基。

劳动素养包括四个维度，即劳动态度（劳动意识、劳动尊重、劳动责任）、劳动能力（劳动知识、劳动技能、劳动创造）、劳动习惯（自觉劳动、安全劳动、诚实劳动）和劳动精神（劳动奉献、劳动美好、劳动幸福）（图3-1）。

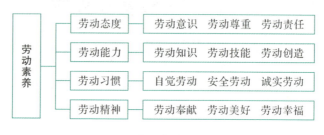

图3-1 劳动素养的四维框架

一、劳动态度

劳动态度包括学生的劳动意识、劳动尊重、劳动责任。劳动教育的目的是塑造学生的精神世界，让学生在劳动中树立并践行社会主义核心价值观，培养学生"自己的事情自己做"的意识与责任心，培养学生崇尚劳动、尊重劳动、敬畏劳动、勤俭节约、踏实肯干的劳动态度。

二、劳动能力

劳动能力是指学生掌握的相关劳动领域的知识、技能。学校应通过真实劳动情境，让学生亲身经历、体验、感受真实的劳动活动，习得一定的服务性劳动和生产劳动技能，在实践中激发创新精神，培养学生的团结协作能力、创新创造能力，以及与人、与社会和谐相处的能力。

三、劳动习惯

劳动习惯指学生自觉劳动、安全劳动、诚实劳动的习惯。学校应促进学生认识和体验脑力劳动和体力劳动、简单劳动和复杂劳动、线上劳动和线下劳动等多种形式的劳动关系，让学生感受劳动过程，培养学生优良的劳动习惯。

四、劳动精神

劳动精神是指学生认同在劳动中要乐于奉献的观念，并坚信只有通过劳动才能创造幸福生活的精神状态。学校应通过劳动教育，促进学生脑力劳动（学科学习）和体力劳动（应用实践）的贯通，提高学生发现劳动美、欣赏劳动美、创造劳动美的能力，引导学生形成坚忍不拔的劳动精神和劳动品质，促进学生全面发展。

第二节　大学生劳动素养评价的重要性

近年来，劳动教育被淡化、弱化成为不争的事实，甚至还出现了一些"异化""污名化"现象。一些青少年中也出现了不珍惜劳动成果、不想劳动、不会劳动的现象，与社会主义建设者和接班人的培养要求有较大差距，严重影响了青少年的健康成长和全面发展。通过劳动素养评价，我们可以正确了解大学生的劳动素养现状，并针对现状积极引导，促进这些现实问题的有效解决和劳动育人功能的加强。

一、有助于科学确定劳动素养提升目标

（一）探索劳动素养评价的独立表彰机制

劳动教育作为五育并举的重要指标之一，与德智体美相比，尚未建立起有效的表彰或惩戒机制。学生的思想状态、学习成绩、体格素质等都有相对独立的考评办法和表彰机制。对于劳动教育而言，就是要在形成劳动素养评价的定量或定性结果的基础上，对劳动素养优秀的学生予以表彰，对相对落后的学生予以提示，通过正面奖励和反向引导的方式，强化劳动教育的作用。因此，学校应建立"劳育"表彰的物质性或荣誉性奖励机制，设立"劳动光荣奖""劳动之星""劳动先进奖""劳动创造奖"等奖项，并辅以适当的物质奖励，还可

以举办劳动技能大赛、劳动表彰大会等活动，扩大劳动素养的教育教学成果，巩固劳动教育的长期效应。

（二）建立劳动素养评价与学生综合素质测评融合机制

劳动教育是德智体美劳全面培养教育体系的重要组成部分，将劳动素养纳入学生综合素质评价体系中，能够充分发挥劳动教育的激励和导向功能。学校制定涵盖劳动观念、劳动意识、劳动能力的评价制度和评价标准，通过学生综合测评结果将劳动教育与学生评奖评优挂钩，能够促进学生增强劳动意识，更加注重自身劳动素质的提高。

劳动素养评价融入综合素质评价体系，要充分考虑劳动素养评价的四个维度，既要设计好劳动态度、劳动精神等非客观维度的测量方法，也要为劳动能力等适宜定量考察的指标进行合理赋值，从而达到科学评价学生综合素质的测评目的。

二、有助于有效验证学生劳动素养提升效果

建立劳动素养长效评价机制有助于了解学生的劳动素养提升效果。劳动素养评价体系要能够体现学生的综合劳动素质，促进学生崇尚劳动、尊重劳动，让学生争做辛勤劳动、诚实劳动、创造性劳动的积极践行者。

劳动素养评价为挖掘学生的专业能力潜质提供了基本素质保障，让学生在专业知识的学习中发扬吃苦耐劳的精神，形成比学赶超、奋勇争先的浓厚学习氛围，为学生未来成为本专业、本行业的卓越劳动者打下基础。

劳动素养评价结果的长期记录能够客观反映学生的成长过程，体现出学生劳动能力、劳动态度的发展变化。

学生个体的劳动素养评价结果是检验学生个人成长的重要记录。学校以建立劳动素养评价评分卡、记录表等方式综合反映学生的基本素质，可以为就业推荐、择业指导等提供背景材料和基础信息。另外，对学生劳动素养评价做群体性的长期记录分析，是检验和考察劳动教育成果、效率的重要手段。

第三节　大学生劳动素养评价体系

构建劳动素养评价体系要充分借鉴和吸收综合素质评价的有益成果，真正做到评价设计科学合理，评价过程公开公正，评价结果导向正确、社会信服。劳动素养评价体系应当与当前高校普遍实行的学生综合素质评价体系相一致、相融合，把劳动素养纳入综合素质评价的"五育"目标中，从加强劳动教育的视角，优化学生综合素质评价的各项指标设计，实现劳动教育在综合素质教育体系中的独立占比，提升劳动教育各项内容的重要性。

一、评价原则

（一）发展性原则

对学生进行劳动素养评价的目的在于推动每个学生的劳动态度、水平在原有基础上有新的提高，因此应从发展性的角度探讨评定学生的劳动成果、表现与进步，并尽量给以充分的肯定与鼓励。

（二）整体性原则

学生劳动素养评价的整体观要求在评价中把课程教学和劳动实践相统一，使它们融合为一个有机整体，并将学生在劳动中的各种表现和劳动成果，作为评价学生劳动情况的依据。

（三）多元性原则

学生劳动素养评价的主体是多元的。教师、学生、家长、校外指导教师等都可以作为评价者。在评价过程中，应特别重视学生的自我反思性评价，让学生通过自我反思性评价，提高掌握劳动技能的能力与自我教育的能力。

（四）过程性原则

学生劳动素养评价中要重视对学生劳动过程的评价。评价应该揭示学生在活动过程中的表现以及他们是如何解决问题的，而不仅是针对他们提出的结论。即使最后的结果按计划来说是失败的，或者没有得出所谓的"科学"结论，但只要学生在过程中对自然、社会和自我形成了一定的认识，获得了实际的体验和经验，就应给以积极的评价。

二、评价指标

结合高校学生特点、评价指标可操作性、社会认知程度等方面，劳动素养可以通过以下四个指标进行评价。

（一）劳动意识评价指标

人类从事劳动活动是有意识的，在活动之前就有一定的思考和安排。培养正确的劳动意识就是让学生具有正确的劳动动机和劳动态度。劳动动机体现为劳动者在劳动过程中所追求的目标，劳动态度体现为劳动者在劳动过程中的心理状态。学校通过劳动教育，使学生明确劳动动机、端正劳动态度，进而加强劳动意识。

（二）劳动观念评价指标

劳动可以锻炼人的吃苦精神，会让人有坚定的意志。劳动观念是人们对劳动的看法和态度。新时代的劳动观念主要表现为：以热爱劳动为荣，以不劳而获为耻，尊重努力劳动、为社会作贡献的不同阶层的劳动者，愿意以自己的体力和脑力劳动建设祖国、为社会作贡献、服务人民。

（三）劳动能力评价指标

劳动能力是人们进行劳动工作的能力，包括体力劳动能力和脑力劳动能力两个方面。劳动能力让学生懂劳动、会劳动，是人们通过劳动创造价值的必要手段。

（四）劳动结果评价指标

劳动是人与社会、人与自然的互动过程，强调结果评价是探讨劳动对生活和工作的影响。劳动能使学生学会生活、学会生存、学会交往、学会发展，使学生身心健康。学校应通过劳动实践活动培养学生热爱劳动的思想、吃苦耐劳的精神和对工作负责的态度。

三、评价载体

劳动素养作为人的内在素质，具有充分的内生性、内在性、自主性特点。构建科学合理的劳动素养评价体系，要重点在丰富评价载体上下功夫，赋予劳动素养充分的外在表达空间与形式。这既是加强劳动教育的必然要求，也是实现科学评价劳动素养的重要方面。依据高校学生管理的特点，结合劳动教育中对"服务""创造""躬行"等劳动价值的重点弘扬，劳动素养的评价载体应涵盖以下三个方面。

（一）志愿服务

志愿服务是劳动教育的重要载体之一。参与志愿服务的过程是学生实践能力、劳动精神、劳动素质得到全面锻炼与提升的过程。高校将劳动教育融入志愿服务中，让学生有意识、有目的地参与其中，在志愿服务过程中实践劳动精神、弘扬劳动精神。大量的学生志愿服务活动，能够培养学生勇于实践、无私奉献的勤劳奋进精神，增强学生的劳动意识和劳动素质。

（二）社会实践

社会实践活动提供了学生与社会全方位接触与交流的真实场景。学生通过社会实践将知识转化为劳动成果，能够更加直观地感受到通过劳动实现目标、通过劳动创造价值的意义。同时，社会实践活动能够促进学生劳动能力的提高，塑造其职业素养和道德品质，使学生通过亲身实践，理解劳动价值的内涵，形成尊重劳动、热爱劳动的真挚情感。

（三）日常行为

劳动素养的生成、塑造与展现都在日常行为中充分存在。高校学生学习、生活的各个方面都与其劳动意识、劳动观念、劳动能力有着千丝万缕的联系；在校内外各种公共场所中能否自觉维护环境卫生，充分尊重他人的劳动成果；在学生宿舍能否有"一屋不扫，何以扫天下"的劳动意识和行动；在参与考试测验、学术研究和科研探索时，能否自觉诚实守信、遵纪守法，严格遵从学术规范，从劳动成果的角度更加自觉地维护学习、学术秩序。劳动素养在日常行为中还可以外化为服务他人、奉献集体的意识与行动。对高校学生来讲，积极参与学生社团组织、为集体举办的文体活动贡献力量，都是以个人劳动服务他人的形式。因此，学校在构建劳动素养评价体系时，应从劳动成果的评价指标予以适当体现。

四、评价方式

（一）自我评价

学生自我评价是劳动素养评价体系的重要组成部分，有助于学生认识活动目标以及自我调控进程，增强学习的信心和责任感。学校要引导学生采用一系列方式对自己的进步、成果及不足加以记录。

（二）小组评价

校内劳动与校外实践劳动均强调合作，因此应由小组根据评价原则对学生的劳动素养进行评价。

（三）学校评价

大学生的大多数劳动是在学校发生的，在学生劳动过程中，辅导员、教师的指导都是必要的。教师要根据学生的实际情况，运用发展性评价原则，对学生进行评价。教师的评价可以是正式评价，即量化打分等，但更重要的是非正式评价。

（四）社会评价

社会人士对学生参加校外实践、校企合作劳动的专业评价，可给予学生更深入或更客观的指导。评价的目的不是分等级，而是对学生的一种指导、激励。

学生劳动评价表

姓名			班级		
时间范围			地点		
劳动内容	自我评价				同学互评
	劳动意识	劳动观念	劳动能力	劳动结果	
劳动收获总结					
教师评价					
社会评价					（盖章） 年　月　日

大学生劳动价值观调查问卷

亲爱的同学,您好!为了解当代大学生群体劳动价值观现状,引导大学生树立正确的劳动价值观,我们组织了此次问卷调查,非常荣幸地邀请您作为大学生代表填答问卷,也非常感谢您的配合。问卷采取不记名方式,答案没有对错之分,请您结合个人实际情况认真仔细填答,填答时间大约10分钟。再次对您的配合表示衷心感谢!

Q1. 您的大学学制是(单选):

(1) 四年　　　(2) 三年

Q2. 您所学专业(单选):

(1) 社会工作　　　(2) 工商管理　　　(3) 劳动关系

(4) 人力资源管理　　(5) 经济学　　　(6) 财务管理

(7) 行政管理(企事业行政文化建设方向)

(8) 法学(劳动法与社会保障方向)　　(9) 劳动与社会保障

(10) 行政管理　　(11) 政治学与行政学　　(12) 汉语言文学

(13) 新闻学　　　(14) 戏剧影视文学　　(15) 安全工程

(16) 酒店管理　　(17) 旅游英语　　(18) 旅游管理

(19) 工学结合项目　　(20) 其他_____

Q3. 您对自己的劳动价值观总体满意程度如何,请用1~10分评价,1分代表非常不满意,10分代表非常满意。(单选)

1	2	3	4	5	6	7	8	9	10

Q4. 请您对下列与劳动相关的传统说法进行评价（每行单选）：

序号	传统说法	非常认同	比较认同	一般认同	不太认同	非常不认同
1	一粥一饭当思来之不易，半丝半缕恒念物力维艰（节俭要从小事做起，每一样东西都来之不易）	1	2	3	4	5
2	人生在勤，不索何获？（人生要勤奋努力，若不积极探索研究，哪会有成就？）	1	2	3	4	5
3	庖丁解牛，游刃有余（功夫下得深了，技术自然而然就好了）	1	2	3	4	5
4	学而优则仕	1	2	3	4	5
5	劳心者治人，劳力者治于人	1	2	3	4	5
6	万般皆下品，唯有读书高	1	2	3	4	5
7	宝剑锋从磨砺出，梅花香自苦寒来	1	2	3	4	5

Q5. 请您对下列与劳动相关的当代说法进行评价（每行单选）：

序号	当代说法	非常认同	比较认同	一般认同	不太认同	非常不认同
1	劳动是财富的源泉，也是幸福的源泉	1	2	3	4	5
2	劳动可以磨炼人的意志	1	2	3	4	5
3	劳动最美丽、最光荣、最伟大、最崇高	1	2	3	4	5
4	全社会应树立辛勤劳动、诚实劳动的理念	1	2	3	4	5
5	新时代不需要弘扬艰苦奋斗精神了	1	2	3	4	5
6	劳动会耽误学习	1	2	3	4	5
7	家务活是家长的事，不需要孩子插手	1	2	3	4	5

Q6. 大学寒暑假，您在家平均每天做家务劳动的时长（主要包括洗衣做饭、打扫卫生、家庭采购、干农活等体力劳动）（单选）：

（1）不做　　　　　（2）10分钟以内　　　　　（3）10分钟～半小时

(4) >半小时～1小时　　(5) >1小时～2小时　　(6) 2小时以上

Q7. 大学在校期间，您通常如何处理脏衣服？（多选）

(1) 自己手洗　　　　　(2) 用校园的洗衣机洗　　(3) 到专门洗衣店洗

(4) 请别人帮忙洗　　　(5) 寄回家洗　　　　　　(6) 攒一起带回家洗

(7) 从来不洗　　　　　(8) 其他_____

Q8. 当您多次发现寝室里很乱，但又没轮到您值日时，您最经常的处理方式（单选）：

(1) 发牢骚、抱怨　　　(2) 视而不见　　　　　　(3) 提醒值日同学打扫

(4) 邀请室友一起打扫　(5) 自己主动打扫　　　　(6) 其他

Q9. 在学校食堂里，当看到有同学浪费食物，您最倾向于怎么处理？（单选）

(1) 无所谓，没什么感觉

(2) 这是别人的权利，我无权干涉

(3) 我自己也有浪费现象发生，情有可原

(4) 浪费食物可耻，在心中鄙视他/她

(5) 上前提醒同学别浪费食物

(6) 浪费严重时，向相关老师或管理人员反映

(7) 其他_____

Q10. 大学期间，学习之余，您还参加了哪些社会实践活动？（多选）

(1) 勤工俭学　　　　　(2) 兼职打工　　　　　　(3) 社会调查

(4) 志愿服务/公益性活动　　　　　　　　　　　(5) 公司/单位实习

(6) 生产劳动　　　　　(7) "三下乡"活动　　　　(8) 创业实践

(9) 其他_____

Q11. 您认为在大学期间参加实践活动的主要意义是什么？（限选3～5项）

(1) 能赚点生活费/零花钱　　　　　　　　　　　(2) 丰富课余生活

(3) 积累工作经验　　　(4) 多一种生活体验　　　(5) 实现个人价值

(6) 能够学以致用　　　(7) 培养吃苦耐劳精神　　(8) 扩大社交范围

(9) 好玩，打发时间　　(10) 完成学校的学分或实习任务

(11) 其他_____

Q12. 您认为，对您的劳动价值观影响较大的因素是（限选 3 项并排序）：

(1) 父母　　　　　　(2) 学校　　　　　　(3) 报纸杂志

(4) 社会风气　　　　(5) 个人喜好　　　　(6) 朋辈群体

(7) 电视电影　　　　(8) 偶像　　　　　　(9) 微博微信

(10) 书籍　　　　　 (11) 其他_____

Q13. 在您看来，对您个人发展意义重大的思想观念是（限选 3~5 项）：

(1) 效率观念　　　　(2) 竞争观念　　　　(3) 实干观念

(4) 精益求精观念　　(5) 诚信观念　　　　(6) 法治观念

(7) 集体观念　　　　(8) 实事求是观念　　(9) 利己观念

(10) 节俭观念　　　 (11) 创新观念　　　 (12) 感恩观念

(13) 其他

Q14. 在您看来，目前您周围大多数大学生的追求倾向于（限选 3~5 项）：

(1) 集体主义　　　　(2) 爱国主义　　　　(3) 拜金主义

(4) 实用主义　　　　(5) 功利主义　　　　(6) 利己主义

(7) 享乐主义　　　　(8) 消费主义　　　　(9) 悲观主义

(10) 乐观主义　　　 (11) 其他_____

Q15. 您毕业后的选择是（单选，选 1/3/4/5 均跳到 Q17）：

(1) 参加工作　　　　(2) 继续深造　　　　(3) 创业

(4) 现在还比较迷茫，没有明确打算　　　　(5) 其他

Q16. 您毕业后继续深造的主要理由是（多选）：

(1) 个人学业追求　　(2) 增加就业筹码　　(3) 就业压力太大

(4) 父母的期望　　　(5) 爱情的驱动

(6) 换一个心仪的国内高校读书　　　　　　(7) 想到港澳台高校读书

(8) 想到国外开阔眼界　　　　　　　　　　(9) 其他

Q17. 您最向往的职业类型是（单选）：

(1) 自由型（时间和环境自由）

(2) 技术型（工作与专业对口）

(3) 合作型（重视团队合作）

(4) 支配型/权力型（政府及企事业单位领导等）

（5）稳定型（职业稳定、风险小）

（6）自我实现型（发挥个性、特长）

（7）服务型（社会服务类工作）

（8）创业型（响应政策号召，成就个人梦想）

（9）享受型（无固定工作，开心就好）

（10）其他

Q18. 实际工作生活中，付出与收获的关系存在四种情形。请根据您个人接受程度进行选择。（每行单选）

序号	付出与收获的关系	乐于接受	还能接受	无所谓	勉强接受	无法接受
1	有付出，有收获	1	2	3	4	5
2	没付出，有收获	1	2	3	4	5
3	有付出，没收获	1	2	3	4	5
4	没付出，没收获	1	2	3	4	5

Q19. 在您看来，对您的就业有决定性影响的因素是（限选3项并排序）：

（1）家庭背景　　　（2）老师推荐　　　（3）个人实力

（4）学校名气　　　（5）机遇运气　　　（6）就业行情

（7）同学或朋友帮助　（8）专业背景　　　（9）其他_____

Q20. 影响您就业选择的主要因素是（限选3项）：

（1）劳动报酬（工资待遇）

（2）升职空间

（3）福利制度（是否有"五险一金"等）

（4）公司/单位实力

（5）公司/单位所在城市

（6）培训体系是否健全

（7）工作是否轻松（是否双休、加班等）

（8）是否符合个人兴趣或发挥专长

（9）是否体面、社会地位高

(10) 能否解决户口问题

(11) 其他_____

Q21. 您最理想的就业城市/地点是_____。（填空题，有重名的城市请注明省份）

Q22. 请您对以下有关就业的描述进行评价。（每行单选）

序号	描述	非常认同	比较认同	一般认同	不太认同	非常不认同
1	大学的学习和生活对我未来的发展很有帮助	1	2	3	4	5
2	我肯定能找到一份满意的工作	1	2	3	4	5
3	我对未来的职业发展充满信心	1	2	3	4	5
4	我愿意去农村或偏远的基层工作	1	2	3	4	5
5	毕业5年内我会创业	1	2	3	4	5
6	三百六十行，行行出状元	1	2	3	4	5
7	职业不分高低贵贱，无论是体力劳动还是脑力劳动，都值得尊重	1	2	3	4	5
8	将来即使做不了精英，我也甘愿当普通人	1	2	3	4	5
9	大学生毕业后不工作、啃老是可耻的	1	2	3	4	5
10	在不久的未来（10～20年），我将从事的行业/职业会因为人工智能而出现大面积失业	1	2	3	4	5

Q23. 假如毕业时暂时还没有找到理想工作，现在有一份以体力劳动为主、报酬一般的工作岗位，您也符合招录条件，您的态度是（单选）：

(1) 乐于接受，踏踏实实地干

(2) 勉强接受，先干着再找其他工作机会

(3) 不能接受，继续找工作

(4) 不能接受，不找工作了，创业或为创业做准备

(5) 不能接受，不找工作了，准备考研、考公务员、考证等

（6）不能接受，不找工作了，在家陪父母

（7）其他_____

Q24. 您是否谈过恋爱？（单选）

（1）是　　（2）否

Q25. 请对下列有关择偶的观念进行评价（每行单选）。

序号	观念	非常认同	比较认同	一般认同	不太认同	非常不认同
1	我会选择人生观、价值观相似的配偶	1	2	3	4	5
2	我会选择社会经济地位相似的配偶	1	2	3	4	5
3	我愿意和配偶一起努力奋斗，同甘共苦	1	2	3	4	5
4	宁在宝马车上哭，不在自行车上笑	1	2	3	4	5
5	遇到自己心仪的异性时，我不会主动追求对方	1	2	3	4	5
6	婚姻对我来说是不可缺少的	1	2	3	4	5

Q26. 您的择偶标准主要是：（限选3项并排序）

（1）相貌　　　　　（2）经济实力　　　（3）社会地位

（4）家庭背景　　　（5）发展潜力　　　（6）性格

（7）价值观　　　　（8）学历　　　　　（9）感情基础

（10）忠诚度　　　（11）其他_____

Q27. 您最崇拜的偶像是谁？_____（可写多位，有重名请注明具体领域）

Q28. 在您眼中，最成功的人是谁？_____（请填写姓名，有重名的请注明成功理由）

Q29. 请您写出您知道的劳模或大国工匠的名字。（可写多位）

Q30. 劳模精神的内涵是爱岗敬业、争创一流、艰苦奋斗、勇于创新、淡泊名利、甘于奉献。您觉得劳模精神与自己日常生活的距离（单选）：

(1) 就在身边 　　　　　(2) 不太遥远 　　　　　(3) 一般

(4) 比较遥远 　　　　　(5) 非常遥远

Q31. 您对自己在日常学习生活中践行劳模精神的态度是（单选）：

(1) 非常愿意 　　　　　(2) 比较愿意 　　　　　(3) 一般

(4) 比较不愿意 　　　　(5) 非常不愿意

Q32. 中央电视台曾播出《大国工匠》专题片，对于这些大国工匠，您怎么看？（多选）

(1) 非常了不起，是国家和民族的骄傲　　(2) 行业内的精英群体

(3) 还行吧，那是他们的本职工作　　　　(4) 没有什么特别的感觉

(5) 其他_____

Q33. 工匠精神是一种追求极致、精益求精的精神。在您看来，工匠精神对您学习或工作的重要性是（单选）：

(1) 非常重要 　　　　　(2) 比较重要 　　　　　(3) 一般

(4) 比较不重要 　　　　(5) 非常不重要

Q34. 在您看来，工匠精神对中国迈向制造强国的重要性是（单选）：

(1) 非常重要 　　　　　(2) 比较重要 　　　　　(3) 一般

(4) 比较不重要 　　　　(5) 非常不重要

Q35. 大学期间，您每个月的平均花费（含生活费、服装费、旅游支出、培训费、交通费等所有花费）为（单选）：

(1) 500 元以下 　　　　(2) 500～999 元 　　　　(3) 1000～1499 元

(4) 1500～1999 元　　　(5) 2000～2999 元　　　 (6) 3000～4999 元

(7) 5000 元及以上

Q36. 您认为您的消费观属于以下哪一种？（单选）

(1) 奢侈型 　　　　　　　　　　　　　(2) 高消费型，喜欢品牌

(3) 经济实惠型，质量一般就行　　　　 (4) 实际型，看有多少钱

(5) 节俭型，能不买就不买　　　　　　 (6) 其他_____

Q37. 大学期间，如果当月生活费已经花完，还不到父母给下一个月生活费的时间，您通常怎么应对？（多选）

(1) 让父母再给钱　　　　　　(2) 向亲朋好友（同学）借钱

(3) 信用卡透支消费　　　　　(4) 使用校园贷等借贷类软件

(5) 使用消费贷、分期付款　　(6) 利用兼职等挣钱

(7) 其他_____

Q38. 请您对以下说法进行评价（每行单选）：

序号	说法	非常认同	比较认同	一般认同	不太认同	非常不认同
1	我适度消费，不超前过度消费	1	2	3	4	5
2	过生日时即使钱不够，我也会借钱请客	1	2	3	4	5
3	我崇尚光盘行动，节约粮食	1	2	3	4	5
4	在日常学习生活或工作中，我努力做到极致、精益求精	1	2	3	4	5
5	学校宿舍、教室、食堂的水龙头坏了，水哗哗往外流，我会及时报告/寻找相关人员修理	1	2	3	4	5
6	我经常参加力所能及的公益活动（扶贫济困、保护生态环境、帮助弱势群体、支教等）	1	2	3	4	5

Q39. 基于您的经历和认知，您认为当代大学生在劳动价值观方面有哪些突出问题？（限选3～5项）

(1) 看不上体力劳动

(2) 好逸恶劳，缺乏积极的劳动态度

(3) 没有良好的劳动习惯

(4) 存在铺张浪费的现象

(5) 不尊重他人劳动成果

(6) 缺乏艰苦奋斗精神

(7) 生活自理能力较差

(8) 太看重物质报酬

(9) 存在投机取巧心理，渴望不劳而获

（10）做事情马马虎虎，不精益求精

（11）奋斗目标不明确，荒废时光

（12）独生子女娇生惯养，抗挫折能力差

（13）其他_____

Q40. 在您看来，家庭在劳动价值观引导方面存在的主要问题是（限选3项）：

（1）在家长眼里，学习是最重要的，成绩是第一位的，干不干家务无所谓

（2）家长缺乏正确的劳动教育理念

（3）家长没有起到榜样示范作用

（4）家长对我的成长干预过多，甚至是包办

（5）家长很忙，没时间、没精力教育我

（6）从小没有与父母一起生活，没人有效引导我

（7）家庭结构不完整（父母离婚等），没有良好的成长环境

（8）其他_____

Q41. 在您看来，学校在劳动价值观引导方面存在的主要问题是（限选3项）：

（1）学校不重视劳动教育

（2）关于劳动教育方面的实践课程太少

（3）老师在劳动教育方面的引导和示范不够

（4）有的学生靠投机取巧实现了不劳而获

（5）有的学生违反了劳动纪律并没有受到惩罚

（6）有的学生靠家长等的关系得到更多机会

（7）校园文化中缺乏劳动教育的相关内容

（8）其他_____

Q42. 在您看来，社会在劳动价值观引导方面存在的主要问题是（限选3项）：

（1）影视作品、娱乐综艺节目的价值导向存在偏差

（2）媒体关于科学家、大国工匠、劳动模范的宣传有限

（3）经常能在社会中看到不尊重体力劳动者的现象

(4) 社会氛围急功近利，追求"短平快"

(5) 职业教育不受重视

(6) 空谈误国、实干兴邦未落到实处

(7) 高房价/房租时代，年轻人即使努力也看不到希望

(8) 其他_____

Q43. 在您看来，您更愿意接受下列哪种形式的劳动教育？（限选3～5项）

(1) 向家长学习，从小参加家务劳动等，养成良好劳动习惯

(2) 中小学时期能有机会多参加劳动教育课程（主题讲座、手工课、志愿服务、校园劳动、社会参观等）

(3) 向身边的同学朋友学习

(4) 自己主动参加各类义务劳动

(5) 向自己喜欢的影视剧中的人物学习

(6) 向自己崇拜的成功人士学习

(7) 大学期间多一些实验实践类课程

(8) 大学期间多一些勤工俭学的机会

(9) 大学老师在课堂上的讲授

(10) 社会舆论的正确引导

(11) 与大国工匠、劳动模范近距离接触，感受他们的魅力

(12) 有更多机会到与专业相关的单位实习

(13) 多惩罚一些投机取巧、不劳而获的人

(14) 其他_____

Q44. 关于"如何帮助大学生树立正确的劳动价值观"，您的看法或者建议是（请填写）：_____

Q45. 您的性别是（单选）：

(1) 男　　(2) 女

Q46. 您是不是中共党员（含预备党员）？（单选）

(1) 是　　(2) 否

Q47. 您在大学当学生干部的情况（多选）：

(1) 未当学生干部　　(2) 班级干部　　(3) 院/系学生会干部

(4) 社团干部　　　　(5) 校学生会干部　　　(6) 其他_____

Q48. 您是否为独生子女？（单选）

(1) 是　　　　(2) 否

Q49. 过去一年，您父母的家庭月平均总收入（包括工资、各种奖金、资本性收入及其他固定及临时性收入）是（单选）：

(1) 2000 元以下　　　(2) 2000～5000 元　　　(3) 5001～7000 元

(4) 7001～10000 元　　(5) 10001～15000 元　　(6) 15001～20000 元

(7) 20000 元以上

Q50. 您父亲的职业是（单选）：_____（选项同 Q51）

Q51. 您母亲的职业是（单选）：

(1) 教师　　　　　　(2) 医生、护士　　　　(3) 民企、私企员工

(4) 政府、事业单位、国企员工

(5) 专业技术人员（科研人员/律师/金融从业人员等）

(6) 私营企业主　　　(7) 个体工商户　　　　(8) 服务业员工

(9) 产业工人　　　　(10) 农业劳动者　　　　(11) 无业、失业或半失业

(12) 自由职业　　　　(13) 离退休　　　　　　(14) 家庭主妇

(15) 其他

Q52. 您的家乡在：

(1) 城市　　　(2) 县城　　　(3) 乡镇　　　(4) 农村

Q53. 您的家乡在哪个省（自治区/直辖市）哪个城市？

(请填写)_____

问卷调查结束，再次感谢您的大力支持和配合！

课后思考题

1. 大学生劳动素养可以从哪些方面得到体现？
2. 为什么要进行劳动素养评价？
3. 如何对大学生进行劳动素养评价？

第二篇
提高劳动能力

第四章　立足专业学习 提升劳动能力

学习目标

1. 深入认识专业理论学习及实习实训的重要性。
2. 了解如何改善自己的专业学习，提升实习实训效率。

课前思考

近年来，随着高等教育由"精英教育"向"大众教育"的转型，高校的浓厚学风逐渐淡化。有些学生随心所欲、自由散漫，他们的"档期"里留给学习的时间并不多。对他们来说，学习的目的就是通过考试、顺利毕业，而更多的时间和精力被留给了社团活动、校外兼职、社交、娱乐或谈恋爱……有的大学校园里流行着"必修课选逃，选修课必逃"的戏谑说法。你的大学时光是这样度过的吗？你怎么看待此事？

第一节　潜心学习专业知识　夯实劳动能力根基

一、大学生专业学习中存在的问题

信息化是新时代的典型特征，它在人际关系构建、学习资源获取等方面带来的变化从根本上影响着大学生的学习兴趣、学习方式、学习行为及学习态度。在公众看来，部分大学生的表现并不理想，学习劲头不足，能力欠佳，似乎失去了大学生的"光环"。有研究人员从大学生的学习态度、学习方式、学习动机、学习品质以及影响其学习的因素等五个维度对一些大学生的学习现状进行了调查，调研结果显示，多数学生不注重课堂听讲、对考试期望不高、缺少学术精神。多数学生倾向于自主学习，一般把课余时间用于专业学习之外，在学习动机上功利性较强。①

（一）新时代大学生的学习态度

调查结果显示，43%的同学能够认真听课，并做课堂笔记，39%的学生只听课而不做笔记，而18%的学生心思游离于课堂之外，看其他书籍或玩手机等。对不听课的学生进一步访谈发现，一部分学生是因所学专业并非自己心仪专业而对专业课程的学习兴趣淡薄，一部分学生因课程内容枯燥、教师疏于管理等因素而轻视课堂教学，还有一部分学生的心思压根就不在学习上。正如一同学所说："大一时刚进入大学，还维持着中学时期的习惯，学习最认真，但大二、大三时期，对老师的上课模式、期末考核方式都有了一定的了解，大部分同学的学习就进入了疲倦期，这个时候毕业压力还不迫切，往往兴趣都转移到了社团、兼职等方面。突然自由，诱惑太多，一些缺少意志力的同学就很难做到认真听讲、安心学习了。"

有的大学校园里流行着"必修课选逃，选修课必逃"的戏谑说法，即使高校把出勤率纳入期末考核计分系统，但逃课现象依然广泛存在。关于大学生究竟如何看待屡禁不止的逃课现象，调查结果显示，20%的学生表示支持逃课，而39%的学生持选择性支持态度，认为如果有更重要的事情，可以偶尔缺席无关紧要的选修课。可见，在多数学生眼中，逃课属于正常情况，甚至觉得某些情况下是无法避免的。之所以出现这种态度，对"好学生"而言，多半是认为一两次课不听仍能跟上进度，对于表现一般的学生而言，多半认为逃几次课不至于影响期末成绩过关。在学生看来，只要期末考试能够过关，学习过程似乎并没有那么重要。在如此观念之下，试图通过出勤考核约束学生的做法效果

---

① 邵光华，魏侨. 新时代大学生学习现状调查及动力机制研究：基于地方普通高校的调查［J］. 宁波教育学院学报，2020（2）：19-24.

惨淡。被访谈学生表示："因为选修课难度相对较低，老师要求相对宽松，即使不去听课，在网上搜到合适的论文作为期末作业，也能够顺利结课，说不定还能获得不错的成绩。"不过被访谈学生也提及："如果课程内容丰富多彩，老师风趣幽默，不需要依靠点名，就能自然而然地吸引学生进入课堂。"

另外，在"对于自己的学习现状是否满意"这项调查中，学生普遍表示不太满意，其中近50%的同学选择了"一般"这一选项。访谈中，学生反映："影响专业学习的因素很多，如过度参加社团活动会影响学习，课程作业太多太难也会影响对这门课程的体验，而对未来择业没有用的课程也没有心思去学习，就只想混个学分而已。"

面对乏味的课堂，八成以上的学生选择不听课。当课堂内容枯燥乏味时，仅有16%的学生能继续跟随老师学习，其他学生则"身在曹营心在汉"，做起自己的事情，不过，依然有五成左右的学生会选择通过自学弥补课堂上的空缺。

（二）新时代大学生的学习方式

1. 大学生偏好的学习方式：自学为主

调查显示，半数学生更喜欢自学为主的学习方式，其他学生在听教师讲授、课堂讨论交流、课堂探究性学习三种方式上各有所好，分布基本均衡。学生在访谈中提道："大学与高中的要求不同，很多课程可以通过自学达到与听教师讲授相差无几的考试结果。"

2. 专业知识的学习情况：意料之外的"忽视"

大学以培养专业人才为目标，因此专业知识的学习无疑是相当重要的。然而，调查发现，学生对于专业知识的学习并不如我们想象中那么重视。仅三成学生能够在认真听讲之余搜集相关材料进行进一步的学习，22%的学生能够做到在课堂上跟随教师的节奏，而近半数学生则在课堂上表现得有点随心所欲。访谈发现，原因来自多方面，课程难度过低或过高、教师授课能力不足、学生自我定位模糊等因素都影响着学生专业课程的学习。

3. 大学生学习习惯：缺少预习和复习巩固环节

"温故而知新"是经典的学习定律。调查结果显示，26％的学生课前会预习，64％的学生课后会复习，而26％的学生则什么都不做。进一步访谈发现，部分学生所谓的"复习"，并非阶段性的课后、单元或章节复习，而是指期末考试之前的"临阵磨枪"。部分学生由于平时学习意识淡薄，学习态度不端正，考试前的临时复习对考试结果具有重要的意义，很大程度上决定着考试是否能够通过。

二、端正专业学习态度

（一）争当肩负民族复兴大任的"时代新人"

1. 我国社会主义现代化建设的历史与现状

全面建设社会主义现代化国家的表述，蕴含现代化的主体、现代化的性质、现代化的领域等各方面，是一个内涵丰富、指向明确的概念。全面建设社会主义现代化国家，就其主体而言是国家的现代化。现代化是传统社会向现代社会转型的过程，涵盖社会各方面的变革，指以社会为主体的现代化；现代化是民族经济发展、生活方式变革的过程，指以民族为主体的现代化；现代化是人的观念变革、知识更新、能力提升的过程，指人的现代化。全面建设社会主义现代化国家是指国家经济社会发展和文明程度的提高，是以国家为主体的现代化。事实上，国家现代化涉及的范围最广，可涵盖社会现代化、民族现代化和人的现代化等。社会现代化是国家现代化的基础，民族现代化、人的现代化是国家现代化的重要组成部分。国家治理体系与治理能力现代化是国家现代化领域的扩展，也是国家现代化的必然选择。

全面建设社会主义现代化国家就其性质而言是社会主义的现代化。不同国家由于历史积累、文化传统不同，现代化的道路和模式也存在差异。就现代化的类型而言，有早发内生型现代化和后发外生型现代化；就现代化的性质而言，有资本主义现代化和社会主义现代化。早发内生型现代化起步早，推动现代化的动力主要来自内部；后发外生型现代化起步晚，推动现代化的动力主要来自外部。资本主义现代化是通过对落后国家的殖民掠夺而起步的；社会主义现代化是走和平发展道路的现代化，通过自立自强开启现代化的进程，实现现代化的目标。我国的现代化是社会主义的现代化，只能从国情出发确立现代化目标、选择现代化道路，依靠人民力量分阶段、有步骤推进现代化的实践。早发内生型现代化国家的经验可以借鉴，但绝不可能重复其现代化的道路。社会主义现代化坚持党的全面领导、坚持马克思主义指导地位、坚持以人民为中心，这是与资本主义现代化最大的区别。①

全面建设社会主义现代化国家就其领域而言是全方位的现代化。全面建设社会主义现代化国家涉及经济、政治、文化、社会、生态等领域，涵盖国家治理体系和治理能力、人的全面发展等方面。中华人民共和国成立初期，我国的现代化侧重经济的现代化。1954年9月，周恩来在一届全国人大一次会议的政府工作报告中指出："我国的经济原来是很落后的；如果我们不建设起强大的现代化的工业、现代化的农业、现代化的交通运输业和现代化的国防，我们就不能摆脱落后和贫穷，我们的革命就不能达到目的。"② 这里所说的现代化，主要是经济、国防的现代化。从经济现代化入手启动国家现代化的进程，改变国家经济落后面貌，奠定国家发展的基础，这是世界各国现代化的普遍规律。1960年3月，毛泽东在同尼泊尔首相谈话时提出，要安下心来，"建设我们国家现代化的工业、现代化的农业、现代化的科学文化和现代化的国防"③。顺应世界科学技术发展的潮流，将科学文化现代化纳入现代化的范畴，反映了中国共产党人对现代化规律的把握。现代化的领域得到拓展，科学技术在现代化过程中的重要性得到充分体现。

1964年12月，周恩来在三届全国人大一次会议的政府工作报告中指出：

---

① 张国启，汪丹丹. 担当民族复兴大任的时代新人的逻辑内涵与培养理路［J］. 思想理论教育研究，2018（12）：42-47.

② 中共中央文献研究室. 建国以来重要文献选编：第5册［M］. 北京：中央文献出版社，1993：584.

③ 中共中央文献研究室. 毛泽东年谱（一九四九—一九七六）：第4卷［M］. 北京：中央文献出版社，2013：349.

"要在不太长的历史时期内,把我国建设成为一个具有现代农业、现代工业、现代国防和现代科学技术的社会主义强国,赶上和超过世界先进水平""全面实现农业、工业、国防和科学技术的现代化"①。农业、工业、国防、科学技术现代化成为传播力强、影响甚广的"四个现代化"的基本内涵。改革开放以来,随着对现代化规律认识的深化,现代化的领域从经济、科技、国防扩展到政治、社会、生态、国家治理等方面。党的十三大报告在谋划我国未来发展时,将"建设成为富强、民主、文明的社会主义现代化国家"确立为发展目标,拓展了现代化的内涵。党的十七大报告将"建设富强民主文明和谐的社会主义现代化国家"作为中国特色社会主义道路的目标指向,将社会现代化纳入现代化的范畴,现代化的内涵日渐丰富。党的十九大报告在部署从2035年到本世纪中叶的发展目标时,提出"把我国建成富强民主文明和谐美丽的社会主义现代化强国"。"美丽"一词作为现代化强国的要素之一,表明中国共产党人对现代化内涵的认识进一步拓展。全面建设社会主义现代化国家的现代化是"五位一体"的现代化,是各领域协同推进的现代化。

国家治理体系与治理能力是文明发展程度的重要标志,也是国家现代化的题中应有之义。党的十八届三中全会将"推进国家治理体系和治理能力现代化"作为全面深化改革的目标,实际上是将国家制度和国家治理体系纳入现代化的视野,深化了对现代化内涵的认识。党的十九届四中全会在概括国家制度和国家治理体系显著优势的基础上,对推进国家治理体系与治理能力现代化进行了具体部署,明确了制度现代化的重点,拓展了我国现代化的空间。

人是现代化建设的主体,国家现代化有赖于人的现代化,人的现代化是国家现代化的有机组成部分。中国共产党在谋划和推进国家现代化过程中,尊重人民主体地位,满足人民日益增长的美好生活需要,促进人的全面发展。人的全面发展实质上就是人的现代化。党的十九届五中全会在谋划2035年远景目标时,将"人的全面发展、全体人民共同富裕取得更为明显的实质性进展"纳入其中;在部署"十四五"期间社会发展目标时,提出改善人民生活品质,

---

① 中共中央文献研究室. 建国以来重要文献选编:第19册[M]. 北京:中央文献出版社,1998:483.

"不断增强人民群众的获得感、幸福感、安全感，促进人的全面发展和社会全面进步"①。显而易见，全面建设社会主义现代化国家涵盖人的现代化。

经济、政治、文化、社会、生态领域的现代化，国家治理体系与治理能力的现代化，人的全面发展和人的现代化，表明了全面建设社会主义现代化国家"全面"的特质。全面建设社会主义现代化国家在提升现代化程度和水平的同时，将促进现代化的系统性、整体性和协调性，实现现代化速度和质量的统一。

2. "时代新人"的科学内涵

习近平总书记在党的十九大报告中指出："以培养担当民族复兴大任的时代新人为着眼点，强化教育引导、实践养成、制度保障，发挥社会主义核心价值观对国民教育、精神文明创建、精神文化产品创作生产传播的引领作用，把社会主义核心价值观融入社会发展各方面，转化为人们的情感认同和行为习惯。"在党的二十大报告中，习近平总书记又一次强调了"着力培养担当民族复兴大任的时代新人"。"培养担当民族复兴大任的时代新人"这一重大命题，深刻揭示了中国特色社会主义新时代的主体力量，深刻回答了党在新时代"培养什么样的人、如何培养人、为谁培养人"等根本问题。"时代新人"，是处在新时代特定语境中的社会主义新人，是指符合新时代中国特色社会主义期望与要求，主动担当中华民族伟大复兴重任、积极投身全面建设社会主义现代化强国、努力践行社会主义核心价值观、自觉传承和传播中华民族优秀文化的青少年群体。

"时代新人"是党中央对新时代培养什么样的人的期望与要求。"时代新人"要担当民族复兴大任，必须在理想信念、精神状态、本领能力、道德品质等方面"达标"：①在理想信念方面，"时代新人"要以坚定的理想信念筑牢精神之基。"时代新人"要坚定对马克思主义的信仰，要坚定对中国特色社会主义和共产主义的信念，要深入学习和领会习近平新时代中国特色社会主义思想

---

① 中共中央关于制定国民经济和社会发展第十四个五年规划和二〇三五年远景目标的建议[N]．人民日报，2020－11－04．

的科学体系、精神实质、核心要义和实践要求，不断增强中国特色社会主义道路自信、理论自信、制度自信和文化自信。②在精神状态方面，"时代新人"要弘扬新时代爱国主义精神，要培养积极向上的奋斗精神，要具备与时俱进的创新精神。"时代新人"是新时代中国特色社会主义建设的经历者、见证者和奋斗者，他们既是追梦者，又是圆梦人。"时代新人"只有在追梦和圆梦过程中保持奋斗精神，个人梦和中国梦才能梦想成真。"时代新人"应当做新时代的开拓者和先锋队，努力争当新时代中国特色社会主义建设各领域的生力军和突击队。③在本领能力方面，"时代新人"要与新时代相匹配，不断提高自身素质和能力，不断增强工作本领，要始终干在实处、走在前列。"时代新人"既要仰望星空，又要脚踏实地，在夺取新时代中国特色社会主义伟大胜利进程中"撸起袖子加油干"。④在道德品质方面，"时代新人"应具有善良的道德情感、正确的道德判断、自觉的道德实践。"时代新人"应具有自觉的国家意识、民族意识、责任意识，主动担当民族复兴的历史责任，形成正确的历史观、民族观、国家观和文化观。与此同时，面对新情况、新问题，"时代新人"在行为上、思想上、文化上会出现新特征、新现象，因此在培育"时代新人"的过程中，必须尊重其主体地位，在了解新需求的基础上培育和引领他们。

3. 肩负民族复兴大任

在新的历史时期，实现中华民族伟大复兴的目标，更需要新时代青年的持续奋斗和努力。基于历史使命和新时代要求，"时代新人"应运而生。"时代新人"要努力成为符合新时代要求、担负新时代使命的社会主体和实践主体。

实现中华民族的伟大复兴不可能一蹴而就，而是需要一代又一代人的不懈努力和持续奋斗，需要"时代新人"的传承和接力。因此，实现中华民族伟大复兴，"时代新人"与其他历史时期的群体不可割裂，具有代际传承性。"时代新人"与其他时代的青年虽处于历史长河中的不同阶段，但他们拥有共同目标，即实现中华民族伟大复兴。中华民族伟大复兴的中国梦终将在一代代青年的接力奋斗中变为现实。"时代新人"必将成为中华民族伟大复兴的践行者、奋斗者和见证者。

"时代新人"的提出是新时代培养人才的必然要求和实践要求。"时代新人"的提出，是习近平总书记从新时代坚持和发展中国特色社会主义的战略高度，就培养什么人的问题作出的理论概括和行动部署。培育"时代新人"是新时代中国特色社会主义建设事业的基础工程。随着新时代来临，社会主要矛盾发生转变，中华民族伟大复兴正处于关键时期，需要新时代青年不懈奋斗、建功立业。青年一代有理想、有本领、有担当，国家就有前途，民族就有希望。新时代青年要将个人梦与中国梦结合起来，要将个人发展与国家发展、民族振兴统筹起来，要将个人利益与集体利益、国家利益融合起来，做有理想、有本领、有担当的"时代新人"。党对青年的嘱托和期望，时刻激励着广大青年沿着党指引的方向奋勇前进。中华民族伟大复兴终将在广大青年的接力奋斗中变为现实。

（二）拓展专业视角，提升专业学习的内生动力

深化对专业的认识，应从了解专业体系开始。查看各种有关专业介绍的资料，我们会发现随之出现的还有学科这一词语。学科是一种学术分类，是指一定科学领域或一门科学的分支。在高校，学科是对高校人才培养、教师教学、科研业务隶属范围的相对界定。中国普通高校的研究生教育和本科教育的学科划分为哲学、经济学、法学、教育学、文学、历史学、理学、工学、农学、医学、军事学、管理学、艺术学等门类。每个学科门类下包括若干个一级学科，一级学科下又包括若干个二级学科。专业是高等学校根据社会分工、经济和社会发展需要及学科的发展和分类状况而划分的学业门类。各种专业体现各自不同的培养目标和规格，制定各自不同的教学计划和课程体系。学科和专业是不同的，但也密切相关、相辅相成。专业以学科为依托、为后盾，学科的发展又以专业为基础。学科和专业的区别在于，学科偏指知识体系，而专业偏指社会职业领域。因此，一个专业可能要求多种学科学习的综合，而一个学科可在不同专业领域中应用。

深化对专业的认识，需要深入了解各个专业的内涵。所谓专业内涵，指专业的培养目标、主干课程、就业及研究领域等。通过专业的培养目标，可以发现该专业是否符合自己的职业规划。通过主干课程设置情况，可以了解不同大学的相同专业之间的区别，判断自己未来就业的优势和劣势。通常某一个专业

会有多所高校开设,比如计算机专业在我国有几百所高校开设,而各高校的课程设置也不尽相同。就业研究则可以帮助我们更加深入地了解一个专业的内涵,更加具体地为我们指明就读该专业后的发展方向。

高校的各类专业在诸多领域均具有丰富的劳动属性和劳动指向。在自然科学领域,真实的科学研究,如理科中的物理实验、化学实验、天文观测、地质勘探等均具有鲜明的劳动特点,工科中的机械、电气、建筑、水利等涉及的应用技术和工艺,都是劳动教育与专业相结合的鲜活实践。在社会科学领域,毛泽东同志早年在湖南对农民运动的考察、社会学家费孝通所做的田野调查也具有劳动的性质。这种劳动,是认识"真"的劳动,其中包含"美",被称为探索性劳动。在艺术领域,绘画、设计和音乐创作需要动手,需要动脑,需要进行创造性劳动。新闻采访和文稿写作、社会工作等,亦是劳动教育与专业发展相结合的鲜活实践。

劳动教育与专业学习具有内在一致性和统一性。一方面,专业学习本身就是一种脑力劳动,学习的过程本质上也是一种劳动教育;另一方面,专业学习的最终目标是参与劳动。高校根据专业发展开设课程,传授专业劳动知识,培育专业劳动技能,培养具有创新精神和实践能力的高级专门人才,输送到社会建设的各个领域,服务于社会政治、经济、文化的发展和进步,促进社会主义现代化建设。

部分学生对所学专业不理解或存在认知上的误区,故而缺乏专业认同意识,失去学习动力。从心理学角度分析,改变不正确的认知是转变行为的前提,因此大学生应充分重视学校及所在学院组织的专业认知教育。以资源循环科学与工程专业为例。该专业是为了满足低碳经济及循环经济等战略性新兴产业对高素质人才的迫切需求而设立。学生要结合资源利用现状以及与资源环境领域相关的政策法规,提高对所学专业的深层次认识。除了认真参与学校组织的专业教育活动外,学生需主动通过多种渠道增进对专业的认识和理解,如通过图书馆资料查阅、网络音视频资料搜索,或主动与专业教师进行与所学专业相关的沟通和讨论。资源循环利用近年来在我国越来越受到重视,习近平总书记在从事电子废弃物绿色回收利用的格林美高新技术公司武汉分公司考察时指出,变废为宝、循环利用是朝阳产业,使垃圾资源化,这是化腐朽为神奇，既是科学，也是艺术，希望企业再接再厉①。资源循环科学与工程专业的学生可以通过学习和聆听习近平总书记的嘱托，提升自身对本专业的自信心和自豪感，激发专业学习的热情，树立正确的学习观和社会责任感，激发专业学习的内驱力。

（三）提高课堂效率，重视专业知识的内化

在专业知识学习过程中，通过课堂学习及考核等环节，学生在短时间内积累了大量的专业知识，但是由于知识内化的不足，这些知识没能转化为学生的专业能力。提升专业知识的内化度，可从如下几个方面入手。

第一，重视知识的转化与应用。知识如果只存在于大脑中，它的功用就十分有限，不能有效发挥其应有的价值，这样的知识被称为惰性知识。为了避免所学知识成为惰性知识，在专业学习过程中，要注重三个结合，即"学练结合""学研结合""学用结合"。学练结合是指在专业知识学习过程中，要注重练习使用专业知识理解或解答专业领域中特定环节的流程或问题。学研结合是指专业学习过程中要在学习和理解专业知识的同时，注重围绕所学知识查找专业领域相关案例或发展动态，在专业案例研判，以及专业发展动态研学过程中加深对所学专业知识的理解，深刻理解所学知识在实践应用环节的真实呈现方式。学用结合是指当代大学生要重视运用所学知识解决实践领域的问题。尤其是在专业实践环节，要避免理论学习与实习实践活动脱节的现象。

第二，集中精力掌握核心专业知识。任何专业领域的知识含量都是海量的，但是我们没有足够的时间和精力样样精通、面面俱到。相关研究表明，抓住特定领域内20%的核心知识，就能够解决该领域内的绝大部分问题。一方面，高度关注专业课教师及专业类讲座对整体及各亚学科专业知识的宣讲和解读，并主动请教专业老师及相关专家，多与他们探讨，从而梳理出清晰的专业知识脉络和专业核心知识范围。另一方面，要结合自己的职业规划对专业核心知识的范围进行有侧重的划定，并确定攻坚方向。因此，对同专业的

---

① 习近平在湖北考察改革发展工作时强调 坚定不移全面深化改革开放 脚踏实地推动经济社会发展．人民日报，2013-07-24（01）．

学生而言，专业核心知识的范围和方向不是完全一致的，须根据学生的职业规划情况而各有侧重。

第三，重视问题导向的学习方式。当代大学生需要在专业学习的同时，重视和关注专业领域最新的论文发表情况及相关的媒体报道等，以客观了解专业发展现状及在应用环节专业领域存在的"卡脖子"问题、焦点问题、常见问题。带着问题走入课堂，带着问题翻开专业书籍和专业文献，学生的专业学习效率将会事半功倍。

课堂教学是高等教育中知识与技能传授的主要方式，学生应充分重视和把握课堂学习这一主渠道，将劳动意识、劳动人权、劳动伦理、劳动关系、劳动条件、就业平等、社会保障、职工福利、职场安全与卫生、劳动法及劳动职业生涯发展教育等相关内容的学习与专业学习相融合。另外，学生应结合自身所学专业，扭转学习者角色，从被动学习向主动学习转变，从关注"记忆"的学习方式向乐于"思辨"的学习方式转变。学生要积极参与和配合教师推行的各项教学改革尝试，通过主动参与、积极思考和广泛的课下拓展阅读，提升学习效率。这是保证学生实践能力真实成长的必要条件。同时，学生要注重以案例、问题、项目为中心的学习方式，积极参与教师组织的课堂学生演讲、小组讨论、个案研究、模拟法庭、项目研究等，从而在教学变革中成为真正的受益者。学生应避免在思想上对教师采取的课堂教学变革予以抵制和过度"慢热"，如若发现课程设计中存在的问题和不足，应积极与授课教师探讨，从而形成合力，共同推进课堂教学效果的良性提升。

（四）重视专业学习与劳动能力的协同发展

辛勤劳动、诚实劳动、创造性劳动，是对新时代劳动者的基本要求。大学生在专业学习过程中的各关键点，诸如日常学习、考试、实习、毕业论文写作等环节，均需要把握好与辛勤劳动、诚实劳动、创造性劳动的融合。

大学生的第一职业是学生，学习即为大学生第一重要的劳动过程，这与其他年龄阶段的学生的劳动过程具有一致性，即通过学习来体现自己的劳动价值。大学生作为劳动教育的接受方，其劳动价值是以通过学习提升自我劳动能力，满足社会发展需求等来体现的。

大学生在学习过程中，通过辛勤劳动，使得劳动潜能转化为劳动价值，使吸收理解知识的过程成为劳动价值提升的过程，使自身可以胜任更加复杂的工作，与社会发展需求相呼应。

全社会应在大学生群体中提倡诚实劳动。诚实劳动，是当代大学生争取美好生活的一条坦荡大道。诚实劳动，应从培养学生诚信考试做起。

大学生要深刻理解新时代的劳动者"不仅要有力量，还要有智慧、有技术，能发明、会创新"的道理，努力营造"劳动光荣、技能宝贵、创造伟大"的时代风尚。创造性劳动，可以从学生的实习实践和毕业论文写作中体现。

第二节 务实开展实习实训 提升专业劳动能力

实习实训是高等教育实践教学的重要组成部分，包括专业实验、专业实训、专业实习等内容，是高校依托不同的教学环境，有计划地、系统地组织学生结合所学专业开展多元化的实操性、实践性活动。学生通过在做中学、在做中思、在做中行，增进对课堂讲授的专业知识的认识，主动思考，提高探索创新的意识，锻炼运用专业知识和技能解决实际问题的能力，从而提升综合素质与就业竞争力。实习实训本身是一种劳动活动，是开展新时代高校劳动教育的主阵地，是发挥劳动教育"以劳树德、以劳益智、以劳健体、以劳育美"的协同育人功能，培养德智体美劳全面发展的社会主义建设者与接班人的主渠道。

专业实验是为完成某一项具体的专业教学目标，在高校内部学习环境下进行的一种专业知识技能操练；专业实训是依托实务部门或在校内模拟实务场景下进行的一种综合运用多种专业技能解决某一类较为复杂的实务问题的实践训练；专业实习则是深入实务部门进行的一段较长时间的实际工作体验，其目的在于让学生全面了解真实的职场生活，更好地适应职场生活，综合运用各种专业知识技能和人际沟通能力解决各类职场实际问题。三者相辅相成、层层推进，对大学生劳动能力训练的要求越来越高，越来越接近真实的职场生活。实习实训总体上表现出三个特征：与专业相结合，注重专业化和专门化的学习；与社会相结合，围绕企业、行业用人需求而开展；与实践相结合，强调"劳动"的教学方式，即运用所学专业技能，参与到实习实训中，通过实操和实践劳动完成教学任务，解决实际问题，培养专业能力和综合素质。为此，在实习实训中融入劳动教育，是实现劳动教育内化于心、外化于行的必然选择①。

一、实习实训与劳动能力提升的关系

（一）实习实训是学习劳动知识技能的主要形式

人民实现对美好生活的向往要靠党和国家提供更好的教育、更稳定的工作、更满意的收入、更可靠的社会保障、更高水平的医疗卫生服务、更舒适的居住条件、更优美的环境，更要靠人民自身的努力。人民要学会生存，学会可以自食其力的劳动技能，用自己的劳动满足生活的基本需求；人民要奋斗，精进劳动专业技能，改善生活条件，提升生活满意度。随着现代经济的不断发展和行业的不断更新，我国产业结构发生了深刻的变革，对人才的需求也随之发生了改变。2018年第三季度百城市公共就业服务机构市场供求信息统计结果表明，从需求侧看，56%的市场用人需求对劳动者的技术等级或专业技术职称提出明确要求；从供给侧看，55%的市场求职者具有一定技术等级或专业技术职称②。社会对专业化人才需求的增加、人民对自身发展意愿的提升对高校人才培养提出了更高的要求。实习实训作为专业课堂教学的延伸，是将理论专业知识和专业技能从"知道"转化为"运用"的过程，是培养大学生专业能力与就业竞争力的主要教学环节，因此，加强实习实训中的劳动知识技能教育是促进学校教育与社会需求"无缝衔接"的有效手段，是必要且重要的。

（二）实习实训是培养劳动价值观的主要阵地

人对劳动的认识决定了其劳动时的态度，而这种态度又直接影响着劳动者

---

① 徐向兵. 新时代高校劳动教育论纲 [M]. 北京：社会科学文献出版社，2019：107.
② 中国人力资源市场信息监测中心. 2018年第三季度百城市公共就业服务机构市场供求状况分析 [J]. 中国人力资源社会保障，2018 (11)：31-33.

的劳动效率①。加强劳动教育、培养劳动价值观已成为各类各级教育的一项重要任务。每年有大量大学生走向劳动岗位，作为社会劳动力的生力军，他们的劳动价值观是否正确不仅影响个体的成长、成才，同时也影响整个社会生产力的发展与生产效率的提升，因此在大学阶段将劳动教育融入教育教学的各个环节，抓好大学生劳动价值观确立和稳定的关键期显得尤为重要。大学教育中的实习实训作为大学生直接参与劳动的主要阵地，势必要发挥其培养劳动价值观的重要作用。在实习实训中，学生能够通过劳动实践更为深刻地认识劳动的价值与意义，能够通过与同学、校内专职指导教师、校外兼职指导教师、企事业单位与行业部门专家等不同主体的合作与交流，了解他人对劳动的认识和态度，感受他人辛勤劳动的行为，在他人的示范感染下，形成崇尚劳动、热爱劳动、辛勤劳动、诚实劳动的劳动价值观。

（三）实习实训是养成劳动品质的练兵场

劳动品质反映的是一种劳动品德，即辛勤劳动、诚实劳动、创造性劳动的品质，具体表现为：在学习工作中，要勇于承担责任，能够兢兢业业地完成学习工作任务；在挫折困难面前，显示出坚毅的品质，能够想方设法战胜困难，最终取得胜利。在对内蒙古财经大学400名本科学生的调查中发现，大部分学生能正确认识劳动、热爱劳动，具有正确的劳动态度和劳动价值观②。但是学生参与劳动实践的积极性不高，当个人愿望未能满足或遇到挫折、失败时，容易产生消极、否定情绪，产生抱怨、退缩、放弃等不良行为。这反映了学生的劳动品质还需要培养。劳动品质的形成要落实到劳动实践中，实习实训正是提供了到实践中锻炼的练兵场。实习实训是以问题为导向，围绕某一个或几个具体的问题，让学生自主思考、独立操作，在不断探索尝试中体会劳动的意义，了解劳动的价值，在劳动中享受成功的喜悦，进而激励学生练就大学生精业和敬业、自信和执着的劳动品质。

---

① 邹晓凡. 经济转型期我国生产企业劳动者劳动价值观与生产力的关系分析 [J]. 金融发展研究, 2016 (4): 49-53.
② 郝玉梅. 大学生劳动价值观调查分析与教育对策 [J]. 内蒙古财经大学学报, 2014 (5): 98-101.

二、实习实训中劳动教育缺失的常见问题

《国家中长期教育改革和发展规划纲要（2010—2020年）》指出，创新人才培养模式，要注重知行合一，坚持教育教学与生产劳动、社会实践相结合，开发实践课程和活动课程，增强学生科学实验、生产实习和技能实训的成效。各高校按照国家要求，不断推进实验实训课建设，积极拓展实习合作企业与行业部门，建成基本符合高校人才培养需求的实验教学中心和实习实训平台，已形成一套较为系统的实习实训教学体系。但是实习实训与劳动教育融合方面尚有不足，还不能很好地发挥劳动教育与德育、智育、体育、美育协同育人的作用，主要表现在以下三个方面。

（一）大学生对劳动教育的认识不足

习近平总书记在北京大学师生座谈会上对当代青年提出"要励志，立鸿鹄志，做奋斗者"，"要培养奋斗精神，做到理想坚定，信念执着，不怕困难，勇于开拓，顽强拼搏，永不气馁"，同时告诉当代青年"幸福都是奋斗出来的，奋斗本身就是一种幸福"[①]。奋斗不是空想空谈，是行动，是一种在实践中学、在实践中干的劳动。然而，部分学生把劳动仅看作一种单纯的体力劳动，忽视了学习也是一种劳动。这些学生在学习中具有较强的功利性，对于提升就业能力、考研升学等即时显性反馈的学习任务，多表现出积极的态度，而对于培养个人劳动品德、劳动态度的学习任务则多表现出消极的态度。如在实习实训时只流于完成学分任务，不能更深入地体会其中蕴含的劳动价值与意义，不能发展地看待劳动，表现为对劳动的轻视、对劳动价值的忽视、对劳动教育的漠视。

立德树人是高等教育的根本任务。教师作为教育的重要主体之一，要肩负起新时代赋予的使命，让学生明白在校学习的目的不只是学知识、学技能，使自身成为满足社会生产需要的专业人才，更重要的是学行为规范、学思想品

---

① 习近平. 在北京大学师生座谈会上的讲话[M]. 北京：人民出版社. 2018：12.

德，使自己成为符合社会主义核心价值观要求的合格的社会人。目前，在实习实训中，学生对劳动价值观的自我培育缺乏足够的认识，且存在重视度不足的问题。学生在实习实训过程中多以专业知识技能的学习和实践为主要学习目标，很少设立与劳动价值观养成相关的目标，很少把秉持正确的劳动观念、劳动态度等作为自身必备的价值观念。

（二）实习实训环境堪忧

劳动与每个人的日常学习生活密不可分，劳动教育要依靠国家、学校、家庭和企业的共同参与。然而，国家对于在高校开展劳动教育尚缺少原则性指导性意见，相较于高校创新创业教育，国家对高校劳动教育，尤其是实习实训中关于劳动教育的政策指导和扶持力度显得不足。对于高校创新创业教育，2015年5月国务院办公厅就发布了《关于深化高等学校创新创业教育改革的实施意见》，教育部每年举办中国国际大学生创新大赛（原中国国际"互联网+"大学生创新创业大赛）、全国大学生创新创业年会等活动，助力推进高校创新创业教育综合改革。而在高校实习实训教育中仍存在国家层面的制度性规定不足的问题，如国家尚未明确校企合作中企业和学校的权利与义务等，使得企业不清楚实习实训中应承担的责任。目前，尽管多数企业能够认识到与高校开展实习实训合作，不仅可以给企业带来充足的劳动力，还可以为企业注入新的血液，促进企业生产与管理技术方法的进步，为企业发展提供源源不断的动力，但是不少企业同时也发现校企合作会导致企业人力、物力和生产成本增加的负面问题。因此，一些企业与学校合作的动力也会受到影响，在实习实训中会存在应付了事、对实习实训不重视等情况。

（三）劳动能力提升的效果欠佳

一个正确的认识，往往需要经过由物质到精神，由精神到物质，即由实践到认识、认识到实践的多次反复才能完成。这是马克思主义认识论和辩证唯物主义认识论。因此，当代大学生必须充分注重在实习实训环境中提升劳动能力的方式方法，进而在实践活动中检验在课堂学习中获取的知识和技能。当代大学生在实习实训中劳动能力提升效果欠佳的主要原因如下。

第一，实习实训心态不端正。大学生在实习实训过程中未能良好地进行角色转换，未能从被动的学生心态向积极主动的"准职业人"心态转变。实习实训过程中，是否有端正的心态、勇于尝试和热心钻研的态度对实习实训效果的优劣至关重要。

第二，对实习实训岗位的敬业意识不足。在实习实训过程中，学生作为"准职业人"未能真正树立应有的敬业精神。学生应在充分认识实践内容的基础上，培养对实践工作的敬畏和热爱之心。这份敬畏与热爱之心是激发学生由内而外调动自己的精力和热情的源泉。在实习实训过程中，学生应认真履行实践工作职责，这既是对社会承担责任和义务，又是对自我价值的肯定和完善。敬业精神承载着强烈的主观需求和明确的价值取向，并由此形成学生实践过程中的内在尺度，一定程度决定了实习实训活动的价值目标。

第三，对实习实训岗位的"勤业"意识不足。"业精于勤而荒于嬉"，在实习实训过程中，学生往往对需要完成的任务内容熟悉度不足，如果不能秉承勤奋、钻研的精神，实习实训过程中能收获的成效必然非常有限。调查显示，大学生对课堂学习相对重视，而对实践学习重视不足、投入精力不足的问题普遍存在。因此，为了真正提升自身的专业实践能力，良好地运用专业知识服务社会，当代大学生须从根本上扭转认识，充分重视和认真履行实习实训环节的各项学习任务。

三、立足实习实训提升劳动能力的实践路径

《中国教育现代化 2035》指出，要弘扬劳动精神，教育引导学生崇尚劳动、尊重劳动、树立依靠辛勤劳动创造美好未来的观念，并强化学生的实践动手能力、合作能力、创新能力的培养。实习实训强调的正是实践动手与团队协作，为此，抓好实习实训中的劳动教育，是贯彻劳动教育的重要途径。实习实训的根本任务是开展专业劳动知识技能教育，并融入劳动价值观、劳动态度的教育，以润物细无声之势，让劳动品质根植于学生内心，让劳动成为学生的一种习惯。

(一) 正确认识实习与实训

坚持以人为本、全面实施素质教育是我国教育改革发展的战略主题。坚持理论学习、创新思维与社会实践相统一，坚持向实践学习、向人民群众学习，是大学生成长成才的必由之路。实践育人的主要形式包括实践教学、军事训练、社会实践活动等。实践教学的形式有实验、实习、实训等，理工农医类本科专业实践教学所占比重应不少于25%。社会调查、生产劳动、志愿服务、公益活动、勤工助学等社会实践活动是实践育人的有效载体，高校应将社会实践活动与课堂教学放在同等重要的位置。每个本科生在学期间参加社会实践活动的时间累计应不少于4周，在学期间至少参加1次社会调查，撰写1篇调查报告。

大学生参加实习实训活动，有助于了解中国的国情社情，学会动手和思考，提高学习能力、实践能力、创新能力。实习实训活动能促进大学生学思结合、知行统一，有利于高校培养合格人才。从培养人的角度出发，实习实训是实践育人的重要环节。因此，大学生要全面系统地规划和参加实习实训。

(二) 结合职业生涯规划，确定实习实训方向

职业生涯规划是规划者根据自身综合情况，结合周围环境，在经过分析、判断的基础上，为自己设定一个或多个职业生涯发展目标，并规划相应的具体实施步骤。制定合理的职业生涯规划有利于顺利就业，同时有利于更好地认识自己、认识环境，使抉择明确、行动有力，最终实现人生价值的最大化。世间万物都处在动态变化中，所以职业生涯规划也应适时调整，以适应外界环境的千变万化。

理论与实践脱节是我国大学生职业生涯规划中的显著问题之一。实习活动是检验职业生涯理论教育是否有效的试金石。学生在实习过程中，要注意是否能够通过实习活动获得良好的职业能力，是否能够通过实习活动认识到未来想从事的职业需要匹配的能力等。通过这种迭代升级的方式，学生可以将理论学习的成果运用到实际工作之中，从而获得能力和思想认识上的提升。

大学生在实习实训过程中，要有意识地锻炼自己的能力，努力提高自身的

素质。学生通过实习实训可以对自身的兴趣爱好、个人能力、个性情况以及所学专业相关的职业更加了解,进而梳理和确定自己适合什么职业和不适合什么职业,在实践中对自己进行职业倾向评估,完成自我定位和职业定位。在实习实训过程中,学生应结合自我职业生涯设计,有针对性地提升自己的综合职业能力,从而得到用人单位的认可并顺利进入职场,更好地实现自己的人生价值。

在市场经济条件下,各种竞争日益激烈,要想在竞争中占据有利位置,需要找到一个适合自己发展的平台。职业生涯规划不可仅停留在理论认知,大学生要把职业生涯规划与实习实践环节有效结合,使职业生涯规划具体可行,真正实现知行合一。

(三)重视实践过程,提升实习实训效果

大学生要严格执行实习实训标准,秉持创新精神、创业意识和创新创业能力的自我养成,并严格遵守学校及各相关单位制定的实习实训管理制度,包括校企合作教学实习基地管理制度、校企合作教学实习基地工作指南、校企合作教学实习基地考勤制度、工作日志制度等。

大学生要细致领会教师及实训导师的指导。实习实训主要是在教师或实践单位导师的指导下进行的。教师及实践导师的指导和传授,可以使学生的学习避免反复探索的曲折,使学生在较短的时间内获得更有效的学习效果。

大学生要明确实习实训的目标与任务。在实习实训过程中,要始终带着问题开展学习,并善于和乐于在学习过程中发现问题、思考问题、解决问题。现以中国劳动关系学院工会学院社会工作专业集中实习为例。该专业在大三下学期组织学生每周利用三天时间实习。为保证实习效果,学校制定专业实习的教学大纲,明确实习的目标、任务及要求,指导实习各环节工作的开展。在实习前,落实实习指导教师,并组织学生开展实习动员,让学生认识到实习的重要性,明确实习期间的工作任务和考核方式,同时联系实习单位,落实实习相关事宜。在实习期间,学生每周都需要撰写实习日志,记录每周三天的工作内容、进展及完成情况和下周工作安排,校内指导教师会不定期与学生进行交流,掌握学生实习情况,指导学生解决实习中遇到的各类问题,同时企业的实

践导师也会给予悉心的指导。在实习结束后，学生提交实习报告及实习单位评定意见，对实习情况进行总结。通过这种专业对口性强、目标明确的实习，学生能够更多地运用所学的劳动知识技能处理实际问题，提高劳动能力，更好地适应职场需要。

课后思考题

1. 当代大学生专业学习过程中存在哪些问题？如何解决？
2. "时代新人"的科学内涵是什么？它的提出有何意义？
3. 大学生如何在实习实训中提升劳动能力？

第五章　立足全面发展 提升劳动能力

学习目标

1. 深入理解人的全面发展观理论。

2. 了解新时代对大学生全面发展的要求以及人的全面发展与劳动能力之间的关系。

3. 培养学生主动参与各类实践活动，提升劳动能力，进而不断推动个人素质全面发展。

课前思考

劳动让我们的生活变得多彩多姿，也能促进人的全面发展。请列举大学生可以通过参与哪些劳动实践来推动自身的全面发展。

第一节　人的全面发展观

一、马克思关于人的全面发展的理论

（一）基本内涵

1. 作为发展主体的"人"的界定

恩格斯曾在《反杜林论》中说："要不是每一个人都得到解放，社会本身

也不能得到解放。"这里的"人",不是抽象意义上的人,而是现实中具体的人,是独立存在的个体。然而从一开始,人并不是独立的存在。古代社会,普通个体毫无独立存在的自由,权力大于法律,依附大于独立。到了18世纪的"市民社会",情况才开始发生变化。真正独立的个体出现,这是封建社会开始瓦解的一个重要标志。但是,资本主义社会在促进人的发展方面的贡献,只是相对于封建社会而言的。在资本主义社会,只有占统治地位的成员才真正享有更多发展的自由与空间,其他成员是排除在外的。值得说明的是,马克思所指的个人是社会范畴里的概念,是社会里的个人。正如马克思强调:人"不仅是一种合群的动物,而且是只有在社会中才能独立的动物"①。马克思在其著作里多次提及"个人的发展",又强调"社会全体成员的共同发展",他主张每一个人都有实现发展的权利,厌恶少数人对自由发展享有特权,认为每一个个体都应该能自由地发展自我,享有在政治、法律及社会生活中的平等地位。因此,可以看出,作为发展主体的人是指每一个个体,不是指某一个或者某一类人。

2. 关于"全面发展"的界定

马克思提出:"人以一种全面的方式,就是说,作为一个总体的人,占有自己的全面的本质。"② 这是从整体上概括了人的全面发展的含义。但人们之间并不都是完全相同的,存在个体差异,因此,每个人的全面发展必须视自身的实际情况,在实践中展现自己所能达到或需要达到的全面发展水平。人的全面发展并不是说每种能力都具备,它是一个相对概念,不具有绝对一致性。人是依赖社会而存在的,是社会中的独立个体,人是精神存在与物质存在的统一。因此,每个社会成员应该在满足社会需求的同时依据自身要求释放各种能力。

---

① 马克思恩格斯全集:第12卷[M].中共中央马克思恩格斯列宁斯大林著作编译局,编译.北京:人民出版社,1965:734.

② 马克思.1844年经济学哲学手稿[M].中共中央马克思恩格斯列宁斯大林著作编译局,编译.北京:人民出版社,2000:85.

3. 人的全面发展的基本内涵

首先，实现人的全面发展，需要满足人的需要，这是实现人的全面发展的重要前提与条件。"任何人如果不同时为了自己的某种需要和为了这种需要的器官而做事，他就什么也不能做。"① 这是马克思对人的需要是一种本能的肯定。人的需要不仅指物质需要，还包括精神需要。随着社会活动的变化，人的需要也会有相应调节，这种调节是有层次地发展着的。在满足人的基本需要的情况下，人才能为了社会需求及自我需求去奋斗。

其次，实现人的全面发展，需要全面发展人的能力，包括劳动、社会交流、管理及科研能力，体现的是多方面能力的融合，这是人的全面发展的关键。其中，劳动能力是基础能力。马克思认为，劳动能力是指体力和智力，只有具备劳动能力，才能拥有其他能力。

再次，实现人的全面发展，需要社会关系的全面发展，人具有社会属性。社会关系错综复杂且瞬息万变，个人会随着社会关系的变化不断调整自身，从而实现长足发展。人从来都不是孤立存在的个体，需要依附社会存在。人的发展前景与个人的社会关系的多样化相关联。因此，只有提升自身的交往能力，丰富自己的社会关系，提升社会关系的质量和水平，才能争取人的全面发展。

最后，实现人的全面发展需要完成人的个性的全面发展。实现人的个性的全面发展是实现人的全面发展的最高层级的要求。每个个体在遗传基因、环境、教育程度等方面都存在差异性，因此个性也有所区别。个性是人主体性的一种外化表现，是自我发展的结果。当人的需要被满足，人的个性会得到释放和发展，散发出独特的人格魅力，而人的个性的多样性，使社会精彩纷呈。

（二）演进过程

1. 萌芽

马克思关于人的全面发展的理论，初显于其中学时期发表的《青年在选择

---

① 马克思恩格斯全集：第3卷［M］. 中共中央马克思恩格斯列宁斯大林著作编译局，编译. 北京：人民出版社，1960：286.

职业时的考虑》一文。马克思指出:"在选择职业时,我们应该遵循的主要指针是人类的幸福和我们自身的完美。"①

马克思在当时就认识到不应根据一己私欲选择职业,而应依据社会需求及个人发展潜能来作判断。马克思在《德谟克利特的自然哲学和伊壁鸠鲁的自然哲学的差别》一文中,首次对人的自由问题进行了探讨。他把自由作为人的本性,从哲学角度,利用原子运动的偶然性和随机性来证明人应该打破枷锁,实现自由。青年时代的马克思追求自由、追求全面发展,他把关注点聚焦到人的自由全面发展上,为后期深入的研究奠定了基础。

2. 形成

在《1844年经济学哲学手稿》中,马克思从劳动出发,提出了异化劳动理论。马克思认为,私有制的存在造成了劳动异化,而劳动异化,从本质上说就是人的异化。要想消除人的异化,必须从根源着手,消灭私有制,实现共产主义,完成主体解放,从而实现人的全面发展。马克思在《关于费尔巴哈的提纲》中从人的社会性角度重新界定了人的本质。社会属性是人的重要标签,人会受各种社会实践和社会关系的影响,因此表现为人的本质存在差异。在《德意志意识形态》中,马克思对人的全面发展问题进行了深入论述。首先,他明确了人的全面发展以人的生理存在为基础和前提;其次,他提出只有在人类进入共产主义社会之时,人格尊严及个性化的发展才会变为现实;最后,马克思提出"人的全面发展"的理想。

3. 成熟

《共产党宣言》于1848年出版发行,人的全面发展的理念在其中被多次提及。马克思提出了"两个必然"的结论,并运用唯物史观对"共产主义社会是自由人的联合"这一观点进行了论证。在《1857—1858年经济学手稿》中,基于人和社会的关系,马克思深入研究了人在三大历史形态中的发展状况,并指出:在原始、奴隶和封建社会中,人的活动范围有限,人处于支配人的状

---

① 马克思恩格斯全集:第1卷[M].中共中央马克思恩格斯列宁斯大林著作编译局,编译.北京:人民出版社,1995:459.

态；在资本主义社会，物质较为丰富，物质交换成为常态，人的需求得到较大满足；而共产主义社会来临，生产力空前繁荣，满足了人的各方面需求。在《资本论》中，马克思提出了剩余价值，并控诉工人的剩余价值被资本家最大限度地压榨是导致工人不能得到全面自由发展的深层次原因。

二、新时代对大学生全面发展的要求

一个全面发展的人，是智力和体力劳动相结合且得到充分发展的人。全面发展的人既要有丰富的科学文化知识，还要有多方面的志趣，如此才能适应社会发展的需要，才能实现人的价值。因此，大学生要将所学理论与劳动结合起来，使理论和劳动相互影响、相互渗透、相互促进，不断提高社会生产力，同时也不断促进个人的发展。

新时代的大学生在劳动的体验和收获上还有不足，对劳动的认识还不深刻，对劳动带来的价值也没有更深刻的理解，因此，提高劳动意识在大学生全面发展上就显得尤为重要。大学生要在学习科学文化知识的同时，与劳动相结合，建立劳动创造美好生活的理念，树立正确的劳动价值观、择业观，在劳动中获取智慧、吸取营养、获得前进动力，实现个人的全面发展。

第二节　人的全面发展与劳动能力的关系

一、劳动历史性地推动人走向自由、全面的发展

（一）劳动在人的生命起源过程中促进人的自由性的产生

马克思主义认为，类人猿进化为人的标志是人脑的形成。不断进化的人脑机能促使生命逐渐发生了初步自觉地对物质生存资料的主动获取意愿，生命通过与自然事物发生直接的操作性关系活动来不断获得适应自然能力的进化，并在此过程中逐渐产生了对自然与自身的直接、浅显的感知性认识。由此激发了人的自然适应性的改变，即能够通过手工工具的改进和制造，逐渐超越自身本

能的自然限定而生长出初步的自觉性和劳动能力,即初步的人的自由性。①

人逐渐具有了劳动能力,不再仅仅依从于生命种系的自然性束缚,进而加速了人的自然生命的进化,并且内向地推进了人的自由精神的进一步生长,使人不断具有人所具有的精神特质。所以说,劳动发生过程与人的自由性生成过程是同一的生命运动过程,劳动促进了人作为类存在的自由性的产生。不可否认,劳动由生命谋生的目的直接引发,这是极其现实性的生存需要。马克思主义劳动观特别强调劳动对于人的生存的初始意义,肯定劳动的自由创造性对"现实的个人"的价值,认为劳动孕育人自身的生命价值。

(二)劳动生产力发展推动人类历史进步和人的自由性的普遍发展

劳动生产力发展推动人类历史文化的创新与发展。人通过劳动不断展开的对整个文化世界的创造,使得人类生活的世界不断焕发新的生机活力,历史性地展现人的存在的普遍意义。人的劳动创造过程即人在劳动中不断创造属于人的文化世界的过程。人类社会的历史运动过程也就是人类在劳动发展中不断发展自我与不断创造新文化的过程。人在劳动过程中不断改变人自身,使自身"文化化"并创造"属人"的普遍文化世界。

劳动生产力的发展与变革说到底是人造就的,是人作为劳动主体在与对象化的劳动客体发生矛盾性的劳动实践过程中实现的。普遍的劳动主客体之间的矛盾关系,推动了整个社会关系形态的转变,进而现实性地促进了人的本质的普遍生成。劳动生产力是人类社会历史进步的根本动力,其自身印证了人的自由创造性,其历史性变革显现了人的自由创造力量不断地整体跃升,推动了人的自由性的普遍发展和人类社会的全面进步。

(三)创造性劳动要求人的自由性不断实现全面而充分的发展

从劳动内容与劳动能力的结构体系来看,人通过身心一体的劳动不断占有和发展自己的自由劳动能力。人的劳动能力发展,是体力劳动能力与智力劳动

---

① 程从柱. 劳动教育何以促进人的自由全面发展:基于马克思主义劳动观和人的发展观的考察[J]. 南京师大学报(社会科学版),2020(5):16-26.

能力的统一性发展。在劳动能力的构成上，马克思说："我们把劳动力或劳动能力，理解为人的身体即活的人体中存在的、每当人生产某种使用价值时就运用的体力和智力的总和。"① 人的体力展现具有鲜明的自然属性，但也蕴含了在其自然性基础上的深厚的精神性、文化性内涵。而智力是人脑活动的机能，作为人的内在精神力量，集中体现了人的思想、思维的本质力量。智力就其表现的范围来说，涉及人类活动的各个领域。在马克思主义体脑统一的全面劳动观看来，人的智力作为一种劳动能力，直接体现在人对"思想、观念、意识的生产"，即全部的"精神生产"领域及其过程中。劳动是对人身心统一的整体自由能力提出发展要求的实践活动。

人的自由性的全面而充分发展过程是一个不断推进的历史过程，"整个历史也无非是人类本性的不断改变而已"②。人类本性的改变是人作为劳动主体的身心完整发展，是人的智性、德性和审美性等方面的自由性不断得到激发和超越的全面发展。人类自由性不断发展的过程即人类不断全面、充分发挥和发展主体自由力量的过程。自由性发展即人的主体性发展，其实质是人在劳动实践中不断走向以人自身为目的的全面发展。

马克思主义劳动观将劳动看作人创造和发展自我的根据，在劳动与人、劳动与社会、劳动与历史的关系上，肯定了劳动对于人自身走向自由全面发展所发挥的根本性推动作用。也就是说，马克思主义劳动观以广阔的历史性视野，理论性地确认了劳动具有全面发展人的自由性的教育意蕴，这就为劳动教育促进人的自由全面发展确立了生动的逻辑基点。

二、新时代全面发展的人要求有更高的劳动觉悟和劳动能力

为谁劳动、怎样劳动的劳动态度和劳动能力问题是劳动觉悟和劳动情怀中最需要解决的问题。在资本主义生产关系下，劳动者受资本家的剥削和压迫，

---

①马克思恩格斯选集：第2卷［M］. 中共中央马克思恩格斯列宁斯大林著作编译局，编译. 北京：人民出版社，1995：172.

②马克思恩格斯选集：第1卷［M］. 中共中央马克思恩格斯列宁斯大林著作编译局，编译. 北京：人民出版社，1995：172.

劳动越多受剥削的程度就越大，劳动者就越贫困，这种生产方式下的劳动者不可能有较高的劳动觉悟和劳动积极性。在新技术广泛运用和发展的今天，生产过程中人与人之间的关系发生重大变化。这就包括人们适应社会生产方式变更的劳动技能发展和人们对待劳动及劳动成果的应有态度的改变，说得通俗一点就是人的劳动能力和劳动觉悟的变化。劳动觉悟是人们对待劳动的态度以及对待劳动成果的态度，这是人们主观世界的范畴，决定着人们在劳动过程中的劳动潜能和劳动积极性的发挥，也决定着人们劳动自觉性和劳动热情的激发。劳动觉悟程度越高，人们的劳动态度越端正，人们的劳动热情越高涨，劳动潜能激发得越充分，人们劳动的贡献也就越大。相反，人们的劳动觉悟程度低，就不利于劳动者热情和潜能的激发，也就不利于调动劳动者的积极性。劳动能力就是人们改造物质世界和参与社会活动、追求自我生存和发展的能力和水平，它深受劳动者劳动态度和劳动热情的制约和影响。新时代所出现的新技术和新工艺，新时代人们对美好生活提出的新要求和新挑战，使新时代劳动者的内涵和标准发生了某种新的变化，对劳动者的能力和水平也提出了新的更高要求。因此，加强劳动教育（这里的劳动教育不仅指简单的劳动技能教育），是培养适应现代科学技术迅猛发展的全面发展的人的必然选择。

三、劳动给人们植入了实现幸福的行动基因

在雇佣劳动生产条件下，劳动者生活所需的劳动产品就是工人出卖自己劳动力时的劳动力市场价格。但是，工人出卖了属于自己的劳动力以后，劳动力的使用就不再属于自己，而是属于购买了自己劳动力的雇主，在资本主义社会就是属于资本家。劳动力这一特殊商品与一般商品最大的不同，就是其使用价值的不同。工人的劳动力在使用和消耗过程中，还能创造出比劳动力本身更大和更多的价值，所以资本家就是看中了工人劳动力商品的这一特殊性，才购买了工人的劳动力。因此，人们要想获得必要的生活资料就必须出卖自己的劳动力，付出自己的劳动，这是没有选择的自由，否则就不可能获得维持自身及家人所需的生活资料。

资本主义的生产方式中劳动不仅不是人们幸福生活的源泉，反而是劳动者

自身能力消解的根源，是劳动者自身人格贬值的根源，是劳动者自身劳动能力不断衰退的根源。资本逻辑本身所拥有的贪婪本性和唯利是图的特征决定了这样的结果：资本家购买了劳动力以后，在使用和消耗劳动力的过程中，只要劳动者不死或出现严重违背社会道德的情况，他们就会千方百计地延长劳动力的使用和消耗，充分发挥劳动力商品使用价值的特征，创造更多的剩余价值和资本盈利。劳动力的体能消耗和智能消耗也会大幅度增加，并且还很难得到补偿和修复。在现代技术水平不断提高和无产阶级反抗日益激烈的情况下，资本家的这种剥削虽然方式更加隐蔽，工人的工作条件有所改善，劳动待遇也有所提高，但是相对于工人所创造的全部财富来说，他们维持自己及家人生活的劳动价值只是实际创造的价值的很少的一部分。随着大工业、大生产和劳动生产率的提高，劳动者自己所获得的本应属于自己的份额就越来越少了。因此，严重的两极分化和工人劳动的异化现象越来越突出，这样的劳动根本不可能满足劳动者对美好生活的需要。

根据马克思主义经典作家的相关原理，要消除私有制生产方式下"劳动让人痛苦"的状况和根源，就必须推翻以私人占有生产资料为基础的社会制度，建立以公有制为基础的社会所有制，重建个人所有制。只有在这种制度前提下，劳动者不仅拥有自己全部的劳动力，拥有全社会的生产资料（尽管有时候是通过自己的利益联合体或劳动联合体来行使对这种劳动力和生产资料的使用权和支配权，但是归根结底还是属于自己的，能够满足人民对美好生活的多样性合理需求）而且通过自己在国家和社会中的主人翁地位行使主人翁权利，真正实现当家作主，充分体现自己的独立人格和自由人主体性，实现在劳动实践中的自由发展，让人的主体性得以确证，真正实现劳动者自主劳动的价值创造特性和全面发展，"通过消除旧的分工，通过产业教育、变换工种、所有人共同享受大家创造出来的福利，通过城乡的融合，使社会全体成员的才能得到全面发展"[①]。因此，劳动教育不仅植入了人类创造幸福生活的行动基因，而且还提升了人类获取生存资料和创造美好生活的能力。没有这种基因和能力，人

---

① 马克思恩格斯选集：第 1 卷 [M]．中共中央马克思恩格斯列宁斯大林著作编译局，编译．北京：人民出版社，1995：243．

类的幸福生活就不能实现，即使依靠其他投机取巧的手段实现了也是不能持久的，更是不光彩和不道德的。

劳动教育不仅要讲清楚按劳分配和多劳多得是社会主义的基本原则，而且要让人民群众在劳动教育中提升自己创造幸福的能力和享受幸福的能力。因此，培养新时代全面发展的人，提高其劳动觉悟和劳动能力，让其为社会创造价值，是高校劳动教育的根本目的。

第三节　立足全面发展　提升劳动能力的实践活动

一、校园劳动

校园，是学生学习、生活的场所，良好的校园环境能够让学生身心舒畅。

（一）优化校园环境

1. 室内保洁工作内容与质量标准

高校校园室内空间一般有教室、实训实验室、办公室、会议室、接待室、资料室、档案室、图书馆、机房、仓库等。需要清洁的部分主要包括天花板、墙面、黑板、门窗、玻璃、桌椅、柜子、讲台、地面等。

1）保洁工作内容

（1）检查。进入室内，先查看是否有异常现象、有无损坏的物品。如发现异常，应先向有关部门报告后再进行保洁作业。

（2）推尘。推尘要按照先里后外、先上后下、先窗后门、先桌面后地面的顺序，先清扫天花板、墙面、墙角的蜘蛛网和灰尘，接着擦窗户玻璃和门面的灰尘，实验器材等设备挪动后要归位。

（3）整理。讲台、桌面、实验台上的主要物品，如粉笔盒、粉笔擦、实验器具等擦干净后，按照原位摆放整齐。

（4）清倒。清倒室内的纸篓、垃圾桶。

（5）更换。收集垃圾并更换垃圾袋。

（6）关闭。清洁结束后，保洁人员退至门口，环视室内，确认清扫质量，然后关窗、关电、锁门。

2）保洁质量标准

室内整体干净无灰尘；桌椅设备摆放要整齐；桌面无乱涂乱画痕迹；地面没有污迹和垃圾；墙面无乱贴乱挂现象；窗户明亮空气更清新；心情舒畅学习效率高。

2. 休闲空间保洁工作内容与质量标准

休闲空间一般有室内敞开式休息间、走廊过道、楼梯平台、报告厅、礼堂、门厅等。需要清洁的部分主要包括天花板、墙面、窗户、玻璃、桌椅、柜子、墙面、地面、门面等。

1）保洁工作内容

（1）检查。进入各种休闲空间后，先查看是否有异常现象、有无已损坏的物品。如发现异常，应先向有关部门报告后再进行保洁作业。

（2）清扫。先用笤帚对地面进行清洁，清除烟头、纸屑、灰尘等。

（3）擦抹。从门口开始，由左至右或由右至左，依次擦拭室内的桌椅、柜子、讲台和墙壁等。抹布应拧干，擦拭每一件物品时，应由高到低，先里后外。擦墙壁时，重点擦拭门窗、窗台等。擦玻璃时，先将湿润的涂水器毛头（干净的）装在伸缩杆顶部，沿顶部平行湿润玻璃；然后以垂直下落法湿润玻璃的其他部分；再用干净的抹布擦窗框及窗台；最后用干燥的无毛棉布将玻璃上的水珠擦干净。大幅墙面、天花板等的清洁为定期清洁（如每周清理一次）。

（4）整理。桌椅、柜子等擦净后，按照原位摆放整齐。

（5）更换。收集垃圾并更换垃圾袋。

（6）推尘。用拖把清洁地面，按照先里后外，先边角、桌下，后地面的顺序进行推尘作业。清洁结束后把桌椅、柜子等设备归位。

（7）礼仪。要注意礼节，使用礼貌用语。

2）保洁质量标准

地面干净无污迹；没有垃圾和积水；墙面干净无灰尘；桌椅干净摆整齐；门窗干净很明亮；情绪高涨学习好。

3. 公共卫生间保洁工作内容与质量标准

公共卫生间保洁需要清洁的部分包括天花板、墙面、隔墙面、窗户、门面、镜面、蹲位、地面、拖把池、洗手盆（台）等。

1）保洁工作内容

（1）天花板清理。用长柄扫把清扫天花板、墙面、墙角等的蜘蛛网和灰尘。

（2）门窗玻璃、镜面、墙面清理。用湿抹布配合清洁刷清洁玻璃、镜面和墙面上的污迹。

（3）蹲便池、小便池清理。先用夹子夹出大、小便器里的烟头、纸屑等杂物，然后冲水，再倒入洁厕剂，泡一会儿，再用便池刷刷洗。蹲便池、小便池内四周表面及外部表面均要清洗，并要检查冲水是否正常，有没有堵塞。

（4）洗手盆清理。用清洁剂和百洁布擦洗洗手盆。从左到右擦干净台面，用无毛棉布从上到下把镜子擦拭干净。水龙头也要清洗干净，保持光亮。

（5）更换垃圾袋。收集垃圾并更换垃圾袋。

注意：每周擦拭墙面、天花板、排气扇、卫生间门及门框3次以上；地面较脏时要使用清洁剂。

2）保洁质量标准

天花板面无蛛网；墙壁墙角无灰尘；镜面玻璃要明亮；地面台面无水迹；厕所内外无臭味。

4. 机动车道、人行道保洁工作内容与质量标准

校园内的机动车道指可供各类机动车辆行驶的道路（行人亦可行走），人行道指校内道路两侧的人行道和可供师生上下课（班）和休闲行走的小路。

1）保洁工作内容

（1）根据劳动课安排进行分组、分路段、分区域保洁。明确清扫范围，合理安排清理垃圾、树叶等任务。

（2）每天分时段收集沿路垃圾，做到定时清扫、及时堆放、及时运送，要

做到不漏收。

（3）保洁人员用扫把对校园道路进行全面清扫。要做到"六不""三净"：不花扫、漏扫，不见积水（无法排出的积水除外），不见树叶、纸屑、烟头，不漏收，不乱倒垃圾（一律送到中转站），不随便焚烧垃圾；路面干净、路尾干净、人行道干净。

（4）进行路面清扫保洁时，垃圾收集后应及时送往中转站，严禁将垃圾倒在道路两侧的绿化带里或随便乱倒，严禁焚烧垃圾。

（5）校园路面清扫保洁要做到晴天与雨天一个样，主干道与人行道一个样，检查与不检查一个样。

2）保洁质量标准

道路平整干净无垃圾；道路无枯枝叶和物品；道路灯杆干净无张贴；绿化绿地平整无缺憾；校园整洁漂亮人人夸。

5. 露天广场、停车场、台阶等保洁工作内容与质量标准

校园露天广场、停车场、台阶的保洁工作内容与质量标准如下。

1）保洁工作内容

（1）对广场、停车场、台阶进行检查，先用笤帚或垃圾夹清理垃圾、树枝、树叶等。

（2）对广场、台阶周边的杂草进行清除。

（3）对广场、停车场、台阶的地面进行除尘处理。

（4）清理垃圾，运送到垃圾中转站。

（5）不得把垃圾和树叶堆到道路两边的绿化带内，更不能就地焚烧。

2）保洁质量标准

广场地面干净、无灰尘、无各种垃圾、无枯叶残枝；停车场内车辆摆放整齐，无垃圾；台阶上无堆放物品、无乱贴乱画。

6. 生态林、绿化地、绿篱带保洁工作内容与质量标准

在校内科学、合理地安排一些生态林、绿化地和绿篱带是建设美丽校园不可缺少的工作，更是建设生态学校、保护校园环境的重要举措。

1）保洁工作内容

（1）用耙子把生态林、绿化地、绿篱带地面上的树叶、树枝耙成一堆。

（2）用捡垃圾的夹子把生态林、绿化地、绿篱带里的塑料袋、快餐盒、烟头等夹走。

（3）用扫把对生态林、绿化地、绿篱带地面进行清扫。对生态林、绿化地、绿篱带地面上的垃圾、树叶、树枝等进行清理，把它们送到垃圾中转站，不得随意乱倒或焚烧。

（4）科学、艺术地修整生态林、绿化地、绿篱带和花草苗木等。

（5）安排人员进行文明督查，对有不文明行为的师生进行劝阻。

2）保洁质量标准

（1）生态林、绿化地、绿篱带内应保持干净、整齐，无各种垃圾，无枯叶残枝。

（2）无各种废弃物堆积。

（二）美化寝室

1. 文明寝室建设要求

寝室是大学生学习、生活、休息的重要场所，文明寝室环境建设直接体现大学生的精神面貌和个人素质，直接关系大学生的身心健康。大学生应将维护整洁文明的寝室环境内化为自觉追求，外化为自觉行动。

（1）文明寝室的环境总体应达到"六净""六无""六整齐"的目标。

"六净"：地面干净、墙面干净、门窗干净、玻璃干净、桌椅干净、其他物品整洁干净。

"六无"：无杂物、无烟蒂、无乱挂现象、无蛛网、无酒瓶、无异味。

"六整齐"：桌椅摆放整齐、被褥折叠整齐、毛巾挂放整齐、书籍摆放整齐、鞋子摆放整齐、用具置放整齐。

（2）每天应自觉做到"六个一"、自觉遵守"六个不"，维护寝室良好的生活环境。

"六个一"：叠一叠被子、扫一扫地面、擦一擦台面、整一整柜子、理一理书架、倒一倒垃圾。

"六个不"：异性宿舍不进出、外人来访不留宿、危险物品不能留、违规电器不使用、公共设施不损坏、果皮纸屑不乱扔。

（3）在宿舍应杜绝不文明行为。不养宠物、不在宿舍楼内抽烟、不在门口丢放垃圾、不乱用公用电吹风等。

2. 特色寝室建设标准

特色寝室宣扬的是一种文化，是一种相互影响、彼此照应、和谐共进的良好氛围，对大学生的文化修养、综合素质等方面的提高有着很大的促进作用。

要建设特色寝室，首先要考虑寝室大部分人的特性、喜好、价值观等，然后再以此为基础营造出别具一格的"特色文化"。如果寝室大多数人都喜欢学习，便可以考虑建设学习型寝室；如果寝室大多数人喜欢运动，便可以考虑建设运动型寝室；如果寝室大多数人都对环保有一定兴趣，便可以考虑建设环保型寝室。与此类似的还有创业型寝室、自强型寝室、友爱型寝室、逐梦型寝室、音乐型寝室等。在建设特色寝室时，可参考以下标准。

（1）全体寝室成员共同参与特色寝室建设，共同商议并确定特色寝室建设方向。

（2）全体成员在干净整齐的基础上按照主题特色布置寝室，使呈现出的效果符合指定特色，简单、大方、美观，别具匠心，让人眼前一亮。

（3）寝室布置包括若干个小设计，以彰显个性，传递寝室文化。

（4）有与寝室文化对应的"行为习惯养成计划""寝室团建活动安排"等。

（三）寝室美化设计与创意

1. 美化原则

（1）简单、大方。寝室一般面积不大，没有必要摆放过多的物品装饰，否则会显得太杂乱。

（2）温馨、舒适。寝室是放松休憩的场所，在美化时要考虑烘托一种温暖、舒适的氛围，让寝室内充满家的温暖气息。

（3）突出文化气息。寝室除了是放松休憩的场所外，有时还会充当学习的场所，在美化时，要从色彩、风格上考虑这个因素，营造一个安静、适宜学习的空间。

2. 创意要点

（1）彰显寝室文化。每个寝室都有不同的文化，在美化时要充分考虑自己的寝室文化，进行别出心裁的美化设计。

（2）用材节约，变废为宝。低碳、绿色不仅是当下流行的概念，更应是大学生践行的生活方式。在美化寝室时可充分利用易拉罐、雪糕棍、牛奶盒、饮料瓶、废纸箱等被忽略的生活垃圾和旧物，用它们做成各种实用的日用品，不仅创意十足，更向周围的人传递了一种绿色的生活态度。

（3）彰显个性。寝室是每一个住在这里的人的"家"，由多个小空间组成。在美化时，每个人在兼顾大风格统一的基础上，也要考虑自己的审美偏好和兴趣爱好，打造属于自己的"私密空间"，彰显自己的个性。

二、勤工助学

（一）勤工助学概述

勤工助学是指大学生在学校的组织下利用课余时间，通过劳动取得合法报酬，用于改善学习和生活条件的社会实践活动。在我国，勤工助学是教育与生产劳动相结合的一种教育经济活动，对于推动高校大学生素质教育，构建新的人才培养模式，促进大学生成长成才有着重要意义。

我国勤工助学发展的过程，是一个不断体制化、规范化、育人化的过程。目前，勤工助学已成为适应我国发展，适应高校特点，发挥"济困"与"育人"功能的具有强大生命力的社会实践活动。

勤工助学源于"济困"。随着社会进步和对人才需求标准的提升，我国高校勤工助学工作已由济困为主的阶段过渡到济困与成才相结合的社会实践阶段。越来越多的学生把勤工助学作为主动适应社会、参与社会实践、提升自身综合素质和能力的有效手段。高校也根据自身特点不断拓展勤工助学的内涵。尤其是2018年8月教育部、财政部下发《高等学校学生勤工助学管理办法》

(2018年修订)以来,高校更是将勤工助学作为发挥高校育人功能,培养学生创新创业精神,创新人才培养模式的重要方式。可见,勤工助学的内涵越来越丰富、充实,完成了从纯粹经济功能到人的全面发展教育功能的转化。

(1)在功能上,由单纯解困向助困育人发展。高校勤工助学的最初目的是以"工"助"学",主要是为了缓解家庭经济困难学生的经济压力。如今,随着市场经济的发展和高等教育体制的改革,社会对复合型人才的需求不断扩大,大学生的价值观念也在发生变化,成才意识日渐增强。勤工助学活动作为一项特殊的社会实践活动,其功能、内涵和作用不断得以拓展和延伸,育人功能更加突出,逐渐成为高校思想政治教育的重要载体和学生全面发展的有效途径。

(2)在对象上,由家庭贫困学生向全体学生发展。过去,高校勤工助学的参加对象主要局限于家庭经济困难学生。随着勤工助学活动的整改,高校师生对勤工助学活动的多种功能有了更深入理解,勤工助学活动也逐渐被高校思想政治教育工作者普遍重视,被大学生群体广泛认同。一些非贫困学生从实践锻炼的角度出发,主动参与勤工助学活动。因此,目前参加勤工助学的学生群体由贫困学生和非贫困学生共同组成。

(3)在类型上,由普通型向专业型发展。高校在开展勤工助学活动的过程中,更加注重开发学生智力,发挥专业特色和优势,提高人才培养质量。勤工助学岗位由劳务型、服务型、事务型工作岗位逐渐向专业型、技术型、培养和经济资助有机统一的管理型工作岗位转变,实现了专业学习、能力培养和经济资助三者的有机统一。

(4)在形式上,由个体自发向集体组织发展。以往的勤工助学往往呈现自发性、分散性的特点,存在一定的安全隐患,学生的合法权益容易受到侵害。高校勤工助学管理相对规范后,高校普遍建立了统一的管理和服务机构,制定了详细的管理规定和运行机制,同时注重勤工助学基地建设,积极拓展勤工助学市场,使勤工助学有了更加广阔的发展空间,为学生创造了良好的勤工助学环境。

(二) 勤工助学的意义

第一，高校勤工助学可以让学生获得一定的报酬，这是勤工助学最直接的现实意义，也是对贫困学生最为有效的经济支持。虽然校内勤工助学的收入要低于校外，但是在校内工作一方面能够最大限度地保证自己的学业，另一方面也避免了上当受骗的可能，是许多贫困学生的首选。

第二，高校勤工助学是锻炼当代大学生思想品格的重要途径。勤工助学工作能够让学生感受到生活的艰辛，体会到自立自强的真正内涵，帮助他们树立自信心，培养服务精神和责任意识，让他们在团队中学会面对激烈的竞争，提高他们的心理承受能力，培养危机意识。与此同时，高校勤工助学工作基本以学期为单位，在长时间的工作中，能够培养学生的自我约束能力、劳动意识和职业道德。勤工助学能帮助学生树立正确的人生观、价值观和世界观，这些都将成为他们人生道路上的宝贵财富。

第三，高校勤工助学有利于提高学生的综合能力，为他们走向社会打下基础。目前，"就业难"已经成为全社会关注的话题。高学历不等于高收入已经成为普遍现象，这与部分大学生眼高手低的现状息息相关。现在不少大学生是独生子女，从小就是父母、长辈的宠儿，他们在父母建造的"温室"中学习、成长，盲目地认为学历高就应该拥有与之相匹配的收入，对社会的现实情况缺乏足够的认识。最重要的是，现在不少大学生缺乏动手能力，普遍认为在大学只要把该学的功课学好就够了，至于工作实践是毕业之后的事情。但是，从近几年的就业现状来看，用人单位普遍青睐有工作经验的毕业生。这不仅仅是因为他们的简历中多了一行简单的工作经历，更重要的是他们在长期的工作中积累了丰富的经验。高校勤工助学的实践能够让学生锻炼自己的各种能力，提高沟通水平，学会如何与人交往，使他们提前向职业化的角色转变。例如，音乐学院的学生一般是因为喜爱音乐、热爱自己的专业，并在自己所学的专业方面有较高水平而考入音乐学院的。在很多学生看来，大学期间只要把自己的专业练好，将来就能够成为名家，在音乐领域闯出一片自己的天地。殊不知对于刚刚走出校园的青年音乐学子来说，需要学习的内容还有很多很多。有过高校勤工助学经历的同学都知道，除了大型活动的策划、组织等内容需要实践学习外，工作中许多细小处的知识也需要学习。举个最简单的例子，当乐团急需复印乐谱排练的时候，复印机突然出现故障，维修人员可能要第二天才能来维修，而全团的人都在等待乐谱。在这种时候，在高校有过勤工助学经历的同学可能会凭借自己的工作经验维修复印机。这可能只是一件小事情，但是小事情往往在关键时刻发挥着作用。

对大学生来讲，勤工助学是他们从学校向职场过渡的一个重要环节，不仅能够帮助贫困学生完成学业，还对大学生的工作能力、思想品德等方面有着积极的意义。高校应该多鼓励学生在校期间参加学校勤工助学等各类活动，为他们将来走出校园，进入职场打下坚实的基础。

(三) 高校勤工助学岗位设置

1. 勤工助学中心简介

某职业学院在办学之初就成立了勤工助学中心，中心隶属于学生工作处，主要负责校内校外一切勤工助学活动，是学校学生勤工助学的管理机构。中心主要围绕勤工助学基地及全校勤工助学岗位体制建设、文化建设、团队建设、品牌建设等几个方面开展工作。自成立以来，中心取得了校内外各级用人单位和师生的广泛认同，已成长为学校勤工助学的重要力量。近十年来，在学校各级党政领导的关心和校学工处的直接指导下，在广大同学的支持下，中心积极联系校外勤工助学岗位，积极与各企业洽谈，建立了长期的合作伙伴关系。

2. 岗位设置原则

勤工助学岗位设置以增强学生的劳动观念，提高学生自我服务、自我管理、自我教育能力，培养学生自立、自强、自律精神，帮助家庭经济困难学生顺利完成学业为目的，以不影响学生学习为原则，鼓励大学生积极参加与专业技能相关的社会实践，实现理论与实践的有机融合。

3. 校内主要勤工助学岗位任职要求与职责

1) 教学楼楼层管理员岗位任职要求与职责

(1) 工作认真负责，吃苦耐劳，有进取心，积极主动。

（2）有良好的团队合作精神和沟通能力，有较强的执行力。

（3）负责教学楼教室开、关门，保障日常教学正常运行。

（4）关门时检查教室的窗、灯、教学设备、仪器是否已关好。

（5）将教室的门窗等有损坏的设备及时报给负责人。

2）图书、期刊管理员（图书馆）岗位任职要求与职责

图书馆是高校学生勤工助学的重要场所。图书馆引入勤工助学模式，让学生参与图书馆管理与服务，除了为学生提供良好的实践机会和实践平台，提高他们的创新实践能力和文献资源利用能力外，也能为学校提供更好的教学和科研服务。

（1）图书馆勤工助学人员主要协助馆员对图书、期刊等进行管理或从事其他相关工作。

（2）每天到岗后先在考勤本上签到。工作时，必须佩戴"图书馆勤工助学工作证"。

（3）服从馆员安排，尽快熟悉本岗位的业务和服务要求，不断提高服务水平。

（4）准时上下班，不迟到、早退。工作期间认真履行职责，做到眼勤、手勤、腿勤，定时巡查本区域，发现读者违规，如在馆藏书刊上涂画、批点、剪裁等情况，要及时制止并报告当班馆员。

（5）日常工作做到"五要"。馆内桌椅排放要整齐，安全疏散路径要畅通，整理书刊要不错放，交接登记要不遗漏，严格管理要不懒散。

（6）遇有生病或考试等特殊情况需要换班的，向老师报告并提前办理换班手续。

（7）凡发现工作不负责任、迟到早退、徇私情、监守自盗等违反管理规定者，视情节给予处罚或解聘，并报学生工作处进行处理。

3）校信息化中心管理员岗位任职要求与职责

（1）能熟练操作计算机。

（2）工作认真负责，吃苦耐劳，有进取心，积极主动。

（3）有良好的团队合作精神和沟通能力，有较强的执行力和应变能力。

（4）负责学校机房设备的维护。

(5) 将设备调试情况及时反馈给教务处信息中心负责人。

4) 考场、培训中心引导员岗位任职要求与职责

(1) 工作认真负责，吃苦耐劳，有进取心，积极主动。

(2) 有良好的沟通能力，有较强的执行力和应变能力。

(3) 负责各种培训类考试的路边引导。

(4) 助考人员要做好考务工作。

(四) 积极拓展校外勤工助学岗位

学校一直积极拓展更多校外勤工助学岗位，以满足更多学生勤工助学的需求。近年来，校外勤工助学岗位数量逐年攀升。学校也在积极探索、开拓校外勤工助学岗位模式，如与企业共建、在校内设立勤工助学基地等，目的是让更多的学生接触社会，提高实践能力和综合素质，为以后更好地就业做充足准备。

三、志愿服务

"赠人玫瑰，手有余香。"参与志愿服务对于促进社会的进步与稳定具有重大意义：既是"助人"，亦是"自助"；既能"乐人"，也能"乐己"；既是在帮助他人、服务群众、贡献社会，也是在传递爱心、宣扬文化、传播文明。

(一) 志愿服务的内涵

志愿服务不是单方面的施予，也不是只有大量空闲时间、有一定物质基础的人才能参与，而是每个人都可以参与的公益活动。我们要对参与志愿服务工作有一个全面而正确的认识。

2017年12月1日，国务院发布的《志愿服务条例》（以下简称《条例》）正式实施，这是我国第一部关于志愿服务的专门性法规。《条例》明确指出，志愿服务是指志愿者、志愿服务组织和其他组织自愿、无偿向社会或者他人提供的公益服务。志愿服务主要包含以下三个方面的含义。

1. 志愿服务是一种由内在的精神动力所支持的活动

在社会上,有这样一群人:他们无怨无悔地牺牲自己的休息时间,到社区帮扶别人;他们放弃城市的优越生活,远赴西部大山深处教书育人;他们以奉献为乐,到大型社会活动场所维持活动秩序;他们有一个共同的称谓——志愿者。

志愿服务并不是一种简单的服务工作,它是志愿者在志愿精神的感召下,主动地、自觉自发地开展的社会服务工作。按照联合国志愿人员组织对志愿者精神的理解,可以对志愿精神进行如下解读:志愿精神是一种在自愿的、不计报酬或收入的条件下参与推动人类发展、促进社会进步和完善社区的工作的精神,是公众参与社会生活的一种重要方式,是个人对生命价值、社会、人类等秉持的一种积极态度。

无私奉献的志愿精神是志愿服务的精神内核。正是在这种强大的内在精神动力的支撑下,志愿者们志愿贡献个人的时间、精力等,在不谋求任何物质报酬的情况下,从事社会公益与社会服务事业,把关怀带给社会,传递爱心,传播文明,给社会以温暖。

2. 志愿服务是一种非营利性的活动

志愿服务不是一种用以谋生或营利的职业,而是个体出于奉献社会的意愿开展的社会服务,是一种非营利性的活动。

虽然志愿服务不追求经济报酬,但并不意味着组织的运转不需要资金的支持。事实上,现代志愿服务组织和机构要实现发展和维持运转,离不开充足的经费支持。但志愿服务组织和机构不能违背志愿精神的本质,不能以营利为目的,更不能向自己的服务对象收取经济方面的报酬。

3. 志愿服务是一种有组织的社会公益服务

志愿服务不仅是一种做好事和助人为乐的简单活动,还是一种系统地、有组织地、自愿地开展的社会公益服务。它作为社会建设和社会管理的重要组成部分,弥补了政府、市场和个人力量的短板,起到了加强国家和个人相互联系的桥梁作用。

总的来说，志愿服务就是由内在志愿精神所支撑的，由自愿自觉的内部动机所指引的，利用个体的知识、技能、体能或财富服务社会，不计外在报酬、奖励的一种非营利、公益性的活动。

（二）志愿服务的特征

志愿服务有志愿性、无偿性、公益性和组织性四个基本特征，其特征的精髓是奉献精神。奉献意味着无偿，不计报酬地为他人、为社会服务。

1. 志愿性

志愿服务必须是个人自愿参加的。这个自愿是主动的而不是被动的，是自觉的而不是被迫的。相关组织可以通过各种方式动员志愿者，但应该让每个志愿者都在没有任何压力的情况下自愿投入志愿服务。强制参与、强制"奉献"、募集摊派或变相摊派、对志愿者进行单位化管理等，都不符合志愿服务活动的志愿性原则。

可以想象，如果志愿服务不是自愿参加的，而是在某些组织或个人的强迫和压力下参加的，其社会意义就会大打折扣。被迫参与志愿服务的人员不是真正意义上的志愿者，他们即使参加了志愿服务活动，也很难持续发挥积极的作用。

2. 无偿性

无偿性是指志愿服务属于无偿行为。志愿服务的提供者从事志愿服务工作，不得向志愿服务对象收取或者变相收取报酬，包括收取金钱、物质交换或礼物馈赠等形式。但是，志愿服务组织为志愿者提供交通补贴和午餐补贴等并不影响志愿服务的无偿性。

3. 公益性

公益性是指志愿服务必须指向公共利益。根据志愿服务的公益性，营利服务不属于志愿服务，偶发的帮助行为、基于家庭或友谊的帮助行为、仅仅针对特定个人的帮助行为和互益互助的行为也不属于志愿服务。

对服务活动的组织者来说，志愿服务不应该被用来达到公益服务以外的目标,如经济目标,否则就会损害志愿服务者的动机。

对志愿服务者而言,在提供志愿服务时应该始终坚持以利他和公益为基本目标,不能私自进行工作计划以外的服务内容。

4. 组织性

仅凭孤立的热情、爱心、体力,我们往往无法回应复杂的社会需求。志愿服务具有组织性,可以依托社会团体、社会服务机构、基金会等组织形式开展志愿服务。有组织的志愿服务可反映行业诉求,推动行业交流,促进志愿服务事业发展。

志愿服务组织的不断涌现对促进志愿服务活动广泛开展,推进精神文明建设、推动社会治理创新、维护社会和谐稳定发挥了重要作用。志愿服务组织已成为现代社会从事志愿服务最重要的主体。

(三)志愿服务的原则

《条例》明确指出,开展志愿服务,应当遵循自愿、无偿、平等、诚信、合法的原则,不得违背社会公德、损害社会公共利益和他人合法权益,不得危害国家安全。根据《条例》,需要志愿服务的组织或者个人可以向志愿服务组织提出申请,并提供与志愿服务有关的真实、准确、完整的信息,说明在志愿服务过程中可能发生的风险。志愿服务组织应当对有关信息进行核实,并及时予以答复。

(四)志愿服务的类型

志愿服务领域主要包括扶贫济困、助老助残、社区服务、生态建设、大型活动、抢险救灾、社会管理、文化建设、西部开发、海外服务等,具体可以分为以下三大类。

第一类,以国家政策为导向的志愿服务,如大学生志愿服务西部计划、大学生志愿服务苏北计划等。这类志愿服务以项目为周期,时间较长,往往需要参与者具备一定的资格条件。

第二类,由政府职能机构、事业单位(如学校)等组织的官方志愿服务,如奥运会、世博会、亚运会等。这类志愿服务主要以活动、会议为载体，涉及面广，持续时间短，参与者多为临时招募。

第三类，由民间自发组织开展的志愿服务，如自然之友、地球村、绿色家园志愿者等。这类志愿服务面向不同的群体，专业性较强，参与有一定门槛，持续时间也较长。

（五）志愿者的自我修养

志愿者是一个没有国界的名称，它指的是不为任何物质报酬，而为改进社会提供服务、贡献个人的时间及精力的人。志愿者也叫义工、义务工作者或志工。他们致力于无偿地为社会进步贡献自己的力量。

1. 服务心态——志愿者的三种动机

为什么要做志愿者？志愿者参与志愿服务活动的动机取向可以分为三类：第一类是自我取向，参与者看重个人学习与成长，期望获取个人内在的满足感；第二类是人际取向，参与者看重他人和团体的影响，他们的目的是结识朋友，获得他人的肯定；第三类是情境取向，参与者参与志愿服务是为了回应社会责任，并获得社会的认可。

2. 自我期待——志愿者的三层境界

第一层：帮助别人，快乐自己。在帮助别人后，看到别人获得快乐，自己也因此变得快乐。这是初为志愿者最深、最直接的感受。

第二层：身为志愿者，心是志愿者。不论身在何处，不管人到哪里，离开了服务场所也时刻关注身边需要帮助的人，为他们提供帮助，服务社会。

第三层：传递爱心，传播文明。把关怀带给社会，传递爱心，传播文明，让"爱心"和"文明"从一个人身上传到另一个人身上，最终汇集成一股强大的社会暖流。

3. 自我提高——志愿者应有的素质

对于服务对象，志愿者要有爱心、有耐心、言而有信、善于倾听、保护对方的隐私。对于志愿工作，志愿者要善用时间、灵活多变、积极主动、有责任心、知难而进、认真履行服务承诺、尽职尽责完成工作。

对于志愿团体或机构，要服从上级安排、虚心听从组织意见、富有团队精神、诚实守信。

(六) 参与志愿服务

1. 志愿者的基本条件

2013年11月，共青团中央、中国青年志愿者协会颁布新修订的《中国注册志愿者管理办法》。其中，对注册志愿者的基本条件规定如下。

(1) 年满18周岁或16～18周岁以自己的劳动收入为主要生活来源者；14～18周岁者，须经其法定代理人同意；未满18周岁的在校学生申请注册的，按所在学校有关规定办理。

(2) 具备参加志愿服务相应的基本能力和身体素质。

(3) 遵守国家法律法规和注册机构的相关规定。

2. 志愿者的权利与义务

1) 志愿者的权利

(1) 参加志愿服务活动。

(2) 接受相关的志愿服务培训，获得志愿服务活动真实、必要的信息。

(3) 获得从事志愿服务的必需条件和必要保障。

(4) 优先获得志愿者组织和其他志愿者提供的服务。

(5) 对志愿服务工作提出意见和建议。

(6) 相关法律、法规、政策所赋予的权利。

(7) 可申请取消志愿者身份。

2) 志愿者的义务

(1) 遵守国家法律法规及团组织、志愿者组织的相关规定。

(2) 每名注册志愿者根据个人意愿至少选择参加一个志愿服务项目或活动，每年参加志愿服务时间累计不少于20小时。

(3) 履行志愿服务承诺，完成志愿服务任务，传播志愿服务理念。

(4) 自觉维护团组织、志愿者组织和志愿者的形象。

（5）在志愿者职责范围内，自觉维护服务对象的合法权益。

（6）自觉抵制任何以志愿者身份从事的营利活动或其他违背社会公德的活动（行为）。

（7）依法应当承担的其他义务。

3. 志愿者精神

志愿服务有着重要的价值，对个人与社会的发展起到了非常大的促进作用，志愿者精神概括起来即奉献、友爱、互助、进步。

1）奉献

"奉献"即不求回报地付出。奉献精神是高尚的，是志愿服务精神的精髓。志愿者在不计报酬、不求名利、不要特权的情况下参与推动人类发展、促进社会进步的活动，体现着高尚的奉献精神。

2）友爱

志愿服务精神提倡志愿者欣赏他人、与人为善、尊重他人，这便是友爱精神。志愿者之爱跨越了国界、职业和贫富差距，是没有文化差异、没有民族之分、没有收入高低的平等之爱，它让社会充满阳光般的温暖。

3）互助

志愿服务包含着深刻的互助精神，它提倡"互相帮助，助人自助"。志愿者凭借自己的双手、头脑、知识、爱心开展各种志愿服务活动，帮助那些处于困难和危机中的人们。同时，志愿者以互助精神唤醒了许多人内心的仁爱和善良，使他们付出所余，持之以恒地真心奉献。

4）进步

进步精神是志愿服务精神的重要组成部分。志愿者通过参与志愿服务，使自己的能力得到提高，同时促进社会的进步。在志愿活动中无处不体现着进步的精神，正是这一精神使人们甘心付出，追求社会和谐之境的实现。

4. 志愿者标识与志愿者日

注册志愿者标识（通称"心手标"）的整体构图为心的造型，又是英文"volunteer"（志愿者）的第一个字母"V"，红色；图案中央是手的造型，也是鸽子的造型，白色。标识寓意为中国志愿者向社会上所有需要帮助的人奉献一片爱心，伸出友爱之手，表达"爱心献社会，真情暖人心"和"团结互助，共创和谐"的主题。

每年3月5日是中国青年志愿者服务日，12月5日是国际志愿者日。

5. 激励和表彰

星级认证制度由省级团委、志愿者协会组织实施。注册机构负责具体认证工作，根据志愿者注册后参加志愿服务的时间累计，认定其为一至五星级志愿者。星级志愿者认定后，可由相关注册机构在其注册证上进行标注，并佩戴相应标志。

（1）志愿者注册后，参加志愿服务时间累计达到100小时的，认定为"一星志愿者"。

（2）志愿者注册后，参加志愿服务时间累计达到300小时的，认定为"二星志愿者"。

（3）志愿者注册后，参加志愿服务时间累计达到600小时的，认定为"三星志愿者"。

（4）志愿者注册后，参加志愿服务时间累计达到1000小时的，认定为"四星志愿者"。

（5）志愿者注册后，参加志愿服务时间累计达到1500小时的，认定为"五星志愿者"。

共青团中央、中国青年志愿者协会定期组织开展中国青年志愿者优秀个人奖、组织奖、项目奖的评选表彰活动。

6. 参与志愿服务须知

暑假期间，很多大学生会选择参与社会实践，参加志愿服务。首先，大学生应首选社会和学校认可的志愿服务平台，避免上当受骗。其次，不同的志愿服务项目对志愿者的要求不同。在选择具体志愿服务项目时，大学生应适当结合自己的特长或专业，或者选择重视志愿者培训工作的志愿组织，做好充足的心理准备和技能准备。例如：深入农村的志愿者必须参加组织培训与学习，了解农村的习俗和农业知识；到边远地区支教的志愿者必须学习教学方法、沟通技巧，掌握专业之外的其他知识和技能；走入社区提供社区服务的志愿者，不能将自己的服务定格在具体的形式和内容上，必须创造出丰富多彩的服务以满足社区不同人员的需求；向社会弱势群体伸出援手的志愿者，必须了解并熟悉当地的孤儿院、敬老院的情况，到伤残人士、生活有困难的人家中去，必须想其所想，运用自己所掌握的服务技能提供最贴心的服务。最后，志愿者在参与志愿服务的过程中，应秉承志愿者精神，全身心地投入志愿服务活动，坚守岗位，认真负责，积极主动，热心、细心、耐心地为服务对象提供服务，为社会贡献自己的力量。

四、社会实践

社会实践是学校教育的一种延伸，是大学生走出校门、接触社会、了解国情、学以致用的重要机会，是大学生投身社会建设、向群众学习、锻炼才干的重要渠道，能促进大学生提升思想觉悟、增强大学生服务社会的意识，亦是促进大学生健康成长的有效途径。

（一）社会实践概述

1. 社会实践的含义

广义的社会实践是指人类认识世界、改造世界的各种活动的总和，即全人类或大多数人从事的各种活动，包括认识世界、利用世界、享受世界和改造世界等。狭义的社会实践即假期实习或校外实习。对于在校大学生来说，社会实践有助于大学生加深对本专业的了解，确认适合的职业，并有利于大学生为向职场过渡做准备、增强就业竞争优势等。

2. 社会实践的工作原则

（1）坚持育人为本，牢固树立实践育人的思想，把提高大学生思想政治素质作为首要任务。

（2）坚持理论联系实际，提高社会实践的针对性、实效性和吸引力、感染力。

（3）坚持课内与课外相结合，集中与分散相结合，确保每一个大学生都能参加社会实践，确保思想政治教育贯穿社会实践的全过程。

（4）坚持受教育、长才干、作贡献，保证大学生社会实践长期健康发展。

（5）坚持整合资源，调动校内外各方力量的积极性，努力形成全社会支持大学生社会实践的良好局面。

3. 社会实践的意义

理论联系实际是党的优良传统和作风，教育与生产劳动和社会实践相结合是党的教育方针的重要内容，理论教育和实践教育相结合是大学生思想政治教育的根本原则。大学生参加社会实践，了解社会、认识国情、增长才干、奉献社会、锻炼毅力、培养品格，对于加深对习近平新时代中国特色社会主义思想的理解，深化对党的路线方针政策的认识，坚定在中国共产党领导下，走中国特色社会主义道路，实现中华民族伟大复兴的共同理想和信念，增强历史使命感和社会责任感，具有不可替代的重要作用，对于培养中国特色社会主义事业的合格建设者和可靠接班人具有极其重要的意义，同时对于加强自身的独立性也有很重要的意义。

（二）社会实践的分类

1. 假期实习

假期实习是大学生积累社会经验的重要途径，它能够提高大学生的沟通能力、适应能力及解决问题的能力等。大学生应充分把握实习的机会，广泛地接触社会，努力大胆地尝试，积累实践经验，增强自己未来求职的竞争力。

1）假期实习指南

实习是学习与就业之间的一个重要环节，好的实习经历能为校内学习交出一份满意的答卷，同时也可为将来的就业"热身"，打好"预备战"。

（1）获取实习信息。我们可以从以下渠道获取实习信息：①学校公示栏。学校附近的用人单位通常会把招聘信息以纸质文稿的形式张贴在学校公示栏上。家在学校附近或希望在学校附近找实习单位的学生可在学校公示栏中获取实习信息，筛选合适的实习单位。②各地劳动局。各地的劳动局每年都会有相应的政策支持大学生假期实习。劳动局提供的用人单位很多，而且十分正规。③各大企业官网。一般来说，不少企业都会在寒暑假期间，在其官网上发布招聘（大学生实习）公告。有意向的学生可以多留意各大企业的官网，寻找适合自己的假期实习机会。

为防止被骗，大学生在寻找实习机会时，应特别注意以下几点：第一，从可靠渠道获取职位信息。第二，通过多种渠道了解企业背景。第三，认真确认面试地点。第四，谨慎签订实习协议。实习协议中应当写明实习薪资、实习期限、终止协议的相关条款。如果用人单位违约、拖欠工资，可以将实习协议作为证据提出劳动仲裁，维护自身的合法权益。第五，拒交任何名义的费用。第六，求职前了解相关劳动法规和政策。

（2）结合自身专业或兴趣选择实习岗位。在选择实习岗位时应尽量选择与自己专业相匹配或者自己感兴趣的岗位，这样不仅可以学以致用，还可以挖掘自身蕴藏的潜力，为将来就业做好铺垫。在具体做选择时，我们要摆正心态，客观分析自己的专业知识、沟通技能、思维能力及自身性格、兴趣等，分析实习机会会促进哪方面能力和素质的提高，进而选择适合自己的实习岗位。

（3）在实习中探索个人职业定位。实习是我们探索个人职业定位的好机会。在实习过程中，学生除了认真完成自己的任务，还要主动总结对应职位的核心能力要求、特性等，观察对应职位的上升空间，以及所处行业的发展前景，并以此为参照分析自己是否适合该职位或行业，判断是否需要调整自己的职业定位。

（4）在实习中提高自身综合能力。学生进入企业开始实习后，要尽快完成从学生到工作者的身份转变和思想转变，不断提高自己的综合能力。首先，要清楚工作都是结果导向的。客户需要的是成果，工作评估的也是成果，无论做了多少事，只要没有达到目标、交付成果都不算完成工作。如果没有产出成果，必须主动协调资源，推动问题解决。其次，要分清事情的轻重缓急，对时间进行合理安排。不清楚手里的工作孰轻孰重时，要及时向上级领导反映或请示。再次，对于工作内容切勿眼高手低，要以积极主动的态度认真对待每一个任务，在规定的时间内保质保量完成工作。最后，还要注意如何进行有效沟通、与同事和谐相处等问题。

2) 假期实习实务

（1）实习初期实务。熟悉环境，不做局外人。实习开始后，尽快熟悉环境，除了自己部门的业务内容外，还要大致了解其他部门的情况。学习使用打印机、扫描仪等办公设备。搞清业务关键词。对领导、同事提及的专业名词，心中不留疑，第一时间请教他人或查阅相关资料，明白其所指。多听、多想、多自学。凡事多留心，多问为什么，同时还要学会自学，特别是通过看报告、旁听会议等各种渠道尽快了解工作内容及业务逻辑。

（2）实习中期实务。以正式员工的标准要求自己。要把自己当成一个有工作责任感的职场人，积极尝试承担新工作。做事靠谱、有章法。搞清工作任务，及时汇报工作进度，遇问题先想办法再寻求帮助，按时保质保量完成工作。多总结，多反思。要学会回顾工作、总结经验、思考不足。认真思考这项工作的重点环节是什么，如何避免出错，如何改进，如何更好地应对突发状况等。

（3）实习后期与实习结束后实务。请实习单位提供一份实习鉴定，并签字盖章。实习鉴定上应写明实习岗位、岗位描述、实习过程中完成的工作或项目、工作评价等。对实习工作进行总结，并更新自己的简历。总结实习中的问题和收获，反思自己在哪些方面仍需要提升；及时更新简历，为毕业求职做好准备。与实习单位保持联络，获取有效信息。如果有意毕业后到实习单位求职，可根据自身情况申请适当延长实习时间。离开实习单位后，继续保持与单位同事的联络，及时了解业务发展情况，第一时间获得相关招聘信息。

2. 假期兼职

1）假期兼职陷阱

寒暑假期间，每年都有大学生做兼职。假期兼职可以让学生在锻炼自己、增加生活体验的同时挣一些生活费，是一种常见的社会实践形式。但在假期做兼职时，我们应谨防落入各种"陷阱"，学会维护自身的合法权益。

（1）传销陷阱。目前，不少传销组织打着"连锁销售""特许经营""直销"等幌子，或以"国家搞试点""响应西部大开发号召"等名义诱骗大学生参与传销活动。在形式上，传销组织也由此前的发展"下线"改为"网上营销"方式，打着"电子商务""网络直销"等旗号利用互联网进行传销，其违法行为更加隐蔽，传播地域更为广泛。

支招：①在实习单位时，注意观察对方是否有正规营业执照。②面试时，对公司的营业运作模式进行判断，看是否存在虚假状况。如果企业在面试过程中表现出对你的交友、家庭情况等的关心超出对职业技能、实习经历的关心的话，要有所警惕。③一旦对方要求缴纳一笔入门费或者要求发展其他成员加入从而获得报酬的，要警惕其是否为传销组织。④很多传销都是通过亲朋好友或同学进行的。如果有近期没有联系的亲友、同学突然联系你，邀请你去异地找工作，或者有其他异常行为，要提高警惕。⑤面试时若感觉有异常，不要慌张。可以借口上厕所、有急事等先行离开，保证自身安全。

（2）培训陷阱。一些骗子公司通常会和一些培训机构联手，招聘时以"先培训，拿证后上岗"为由骗取求职者培训费、考试费、证书费等各种费用。实际情况往往是，经过一段时间的培训，参加完考试后，公司便不知去向，或被告知"很遗憾，考试未通过，不能上岗"。

支招：遇到需要培训上岗的公司时，要先了解培训机构是否正规，在网上查看之前学员的评价，评估培训的质量，再决定是否参加培训。

（3）收取押金实为骗钱。一些用人单位声称为了方便管理，向应聘者收取一定数额的押金或保证金，并承诺工作结束后退还，然而工作结束时学生只能领到工资，保证金却不见踪影。更有甚者，招聘单位在学生交过钱后又推托说职位暂时已满，或者说暂时没有工作可做，要学生等消息，接下来便再也没有消息了。

国家人事部门和劳动部门明文规定，用人单位不得以任何名义向应聘者收取报名费、考试费等，对于员工的培训费用，应当由企业负担。很多学生求职时不了解相关规定，又求职心切，往往就会落入陷阱。

支招：①收押金不合法，对方谈到押金时注意提高警惕。②应聘时要注意看应聘单位的规模，再看负责招聘人员的素质。如果应聘单位只有张写字台，两把老板椅，建议你尽快离开。此时可称自己没带多少钱，或者告诉对方"等我同学来后再商量"，让对方明白你不是孤身一人应聘，然后通过发微信、打电话等方式向同学求助，以便尽快离开。

（4）黑中介最喜欢"拖"。一些黑中介抓住大学生缺少社会经验且找工作挣钱心切的心理，收取高额中介费后，却不履行承诺，没有为大学生找到合适的工作。他们往往不停地拖，让学生耐心等待，直到不了了之。更有一些中介"打一枪换一个地方"，骗取一定中介费后，就消失得无影无踪。

支招：大学生找假期兼职时，最好咨询学校的劳动就业服务中心，或者由学校联系用工单位。如果必须自己寻找，也要找正规的企事业单位，或找正规中介机构帮忙联系。

（5）找借口解雇，克扣工资。一些大学生被个人或流动服务的公司雇用，本来讲好是按月领取工资，但雇主往往在要付工资时找个借口将学生打发掉，或者找种种理由克扣工资。

支招：出现克扣工资情况时，可向劳动部门投诉，通过劳动仲裁解决。

（6）娱乐场所的高薪，可能另有企图。一些骗子开出高薪以吸引求职者，工种有代客泊车、导游、侍者，大学生到这些场所打工，往往很容易误入歧途。

支招：这种高薪招工最好不要去应聘。如果已经在娱乐场所工作，要拒绝接受陌生人递过来的烟、酒、饮料等。

（7）声称找家教，多骗女学生。这类陷阱多发生在招聘家教或文秘时，有的学生在对方约见时不加考虑就去会见，很可能遇到危险。

支招：加强自我保护意识，不要只从表面判断对方的好坏，第一次上门做家教时邀同学一起去，保持警惕，发现险情及时报警。

2）兼职劳动关系

在以往的司法实践中，对于劳动者的兼职行为，一些司法审判机关会以劳务关系对待，以致一些劳动者在从事兼职活动时，无法享受社会保险、节假日、最低工资标准等应有的劳动保障。自从2008年《中华人民共和国劳动合同法》与《中华人民共和国劳动争议调解仲裁法》正式施行以后，对于劳动者的兼职行为，司法审判机关根据相关规定，基本持肯定态度。需要提醒的是，有些用人单位试图通过招用兼职人员来逃避劳动用工义务，不签订劳动合同、不缴纳五项保险、不支付加班费等违法用工现象仍比较普遍。因此，劳动者在从事兼职活动时，应当注重保护自己的合法权益，谨慎了解自己与兼职单位之间的各项权利义务。对于双方之间的法律关系以及权利义务，最好能通过书面合同的形式予以确认。

3. "三下乡"社会实践

"纸上得来终觉浅，绝知此事要躬行。"从书本上得来的知识终究是浅薄的，只有亲身经历社会实践才能更了解社会。"三下乡"社会实践活动给生活在象牙塔的大学生提供了广泛接触社会、了解社会的机会。

1）"三下乡"社会实践概述

1996年12月，中央宣传部、国家科委、农业部、文化部等十部委联合下发《关于开展文化科技卫生"三下乡"活动的通知》。1997年，"三下乡"活动在全国正式开展。

（1）"三下乡"社会实践的内涵。"三下乡"活动是指文化、科技、卫生"三下乡"。文化下乡包括图书、报刊下乡，开展群众性文化活动；科技下乡包括科技人员下乡、科技信息下乡、开展科普活动；卫生下乡包括医务人员下乡、扶持乡村卫生组织、培训农村卫生人员，以及参与和推动当地合作医疗事业发展。大学生"三下乡"社会实践是各高校在暑期开展的一项意在提高大学生综合素质的社会实践活动。活动期间，大学生将城市的科技、文化和卫生知识带到社会发展相对落后的偏远地区，向当地人传授科技、文化和卫生知识。

现在大学生"三下乡"也逐渐演化出走访、慰问、调研等实践形式。

（2）"三下乡"社会实践的意义。既能促进先进生产力的发展，又能帮助和引导大学生按先进生产力发展要求成长成才；既能传播先进文化，又能帮助和引导大学生接受先进文化的哺育；既服务了人民群众的根本利益，又服务了大学生的全面发展。

2）"三下乡"社会实践方案策划

（1）活动形式。大学生的"三下乡"社会实践活动涉及面广，内容丰富，形式多样。活动可以是单人形式，也可以是小组形式，一般来说小组形式更加有利于实践活动的展开和圆满成功。各大高校的暑期"三下乡"基本以支教和调查为主。

随着社会发展，"三下乡"的形式也应有所创新和发展。例如，充分利用互联网创新活动形式，结合社会热点设计活动形式，等等。

（2）活动流程。①确定主题。拟订实践主题对社会实践非常重要。实践主题是整个实践活动的思想指导。好的实践主题必须联系实际，切忌空谈和夸张。②拟订策划方案。确定实践主题后必须根据主题思想拟订详细的活动策划方案。活动策划方案的优劣直接关系到整个活动的成败，它规定了活动的具体内容、形式及各种注意事项。③提出申请。向所在学校或学院提出书面申请，同时上交活动策划并领取"三下乡"实践表格。④撰写总结。实践活动结束后，成员需要就实践活动作出总结，撰写实践总结报告并上交。实践总结报告应包括实践者对整个实践活动的基本描述、实践心得及实践评价。

3)"三下乡"社会实践安全须知

（1）实践活动中可能出现的问题。①在实践活动过程中，个别同学会因对当地气候和地区环境的不适应而生病，也有可能被蛇、虫等叮咬。②被盗被抢，或者遭受其他人身伤害。③遭遇交通事故。④接近危险设施或到危险地段。⑤因种种原因，无法与其他实践成员取得联系。⑥活动中发生火灾等突发事件。

（2）应对措施。①外出活动时，实践成员应掌握基本的生理卫生常识和相应的急救知识，随身携带常用应急药物；在遭遇非人为性的突发事件时，应保持冷静并进行适当处理，如果情况严重，及时去往医院诊治。②增强实践成员的安全自卫意识，保持一定的警惕心理，保管好个人贵重财物；同时在实践中减少单独活动和夜间活动，尽量采取小组活动的形式。活动行程应及时向团队报告，不单独到陌生或者荒僻的地方。遭遇偷窃、抢劫以及其他意外伤害时，应保持冷静，灵活应对，以保证自身安全为前提，并及时报案。③加强实践成员的交通安全意识，交通事故发生后应尽快将伤者送往医院，并注意保护现场，及时向相关交通部门报告。④活动期间尽量远离危险设施或危险地段，如果需要接触时，必须有专业人士陪同，并做好安全防范措施。⑤在公共场合注意保持自身言行举止得体，采取克制忍让的态度，尽量避免与人发生争执。如与社会人员发生争吵，现场同学应及时制止，防止事态恶化。如不听劝阻，应迅速联系公安部门共同处理。⑥与所在学院或校团委实践部保持信息沟通渠道的通畅。⑦尽量避免去人群拥挤的地方，在公共场所或参加大型活动时保持秩序，注意自我保护，有成员在踩踏事故中受伤时，应及时将其送往医院。⑧掌握基本安全常识，不到有安全隐患的场所，如发生火灾等灾害时，一切以保障人员安全为第一位，及时组织人员疏散逃生，同时通知相关部门。

（3）团队责任。①出发前，应再次与实践地联系，确保所有安排（如食宿、交通）都已妥当。②出发前，应办理好在实践地活动所需的必要证件和证明。③出发前，充分考虑到可能出现的安全情况，组织团队成员学习基本安全问题的预防措施以及应对技巧，熟悉当地习俗和历史地理等情况，并根据团队的具体情况作出相应的应急准备。④在实践过程中，强调组织纪律性，成员应听从领队老师或者负责人的指挥，负责人应与每名队员随时保持联系。⑤在整个活动过程中，队员们应互相关心，互相帮助。遇到突发事件，应该沉着冷静，共同解决。

（三）社会实践的现实意义

社会实践作为我国高等教育的重要组成部分，有着不可替代的重要作用。同时，社会实践作为大学生参与社会生活的主要途径，对社会主义物质文明建设和精神文明建设也可起到一定的积极作用。

具体来说，社会实践的意义和作用主要表现在以下六个方面。第一，促进青年大学生的健康成长，这是社会实践最重要的作用。第二，促进大学生思想政治素质的提高。社会实践可以让大学生了解国情，有助于大学生加深对人民群众的了解，同人民群众建立感情，树立为人民群众服务的思想；社会实践可以让大学生了解社会对知识和人才的需求，增强勤奋学习、奋发成才的责任感；社会实践可以让大学生了解改革和建设的长期性和复杂性，克服偏激、急躁情绪，增强维护社会稳定的自觉性。第三，促进学生业务素质的提高。社会实践使大学生通过实践的检验，看到了课堂学习和自身知识、能力结构的缺陷，主动调整知识和能力结构，培养大学生不断追求新知识的科学精神，激发大学生的学习积极性和主动性。第四，促进大学生的社会化进程。社会化贯穿人的整个生命历程，是每个人必须面对和经历的。大学生的社会化程度与他们的成长与发展密切相关，甚至关系到他们一生的命运。社会实践有利于大学生社会角色的转变，强化大学生对角色类型的分辨能力与角色适应能力；社会实践有利于提高大学生的实际工作能力，如心理承受能力、适应能力、人际交往能力、组织管理能力和应变创新能力等；社会实践有利于大学生树立正确的择业观，使他们消除心理误区，寻找到社会与自身发展的最佳结合点。第五，促进高等教育的改革和发展。社会实践有利于加强大学生与社会的联系，有利于动员社会各方面的力量，加强和改善高校的思想政治工作。社会实践有利于找到新形势下加强和改进思想政治工作的新路子，为高校思想政治工作注入新的生机和活力。社会实践能够使学校深入了解学生素质、课程设置、教学与管理等方面与社会要求不相适应的地方，主动推行改革，有利于学校进一步端正办学方向，在与社会实践的紧密结合中，寻求高等教育的发展与突破。社会实践架起了学校与社会沟通的桥梁，使教育走出封闭的学校，走向广阔的社会舞台，有利于形成教学、科研、社会实践相结合的新型教育体制。第六，促进"两个文明"建设。学生在社会实践中，一方面接受教育、锻炼才干，另一方面运用自己掌握的马克思主义理论、党的方针政策和科学文化知识为地方和活动接受单位作贡献，对"两个文明"建设起到一定的促进作用。

课后思考题

1. 什么是人的全面发展观？人的全面发展观经历了哪些重要的发展阶段？
2. 人的全面发展对劳动能力有怎样的要求？
3. 校园劳动、勤工助学、志愿服务、社会实践对于提升劳动能力进而实现大学生的全面发展有哪些积极的意义？
4. 大学生应当如何制定个人劳动能力提升计划？

第六章　立足创新与创造 提升劳动能力

学习目标

1. 了解创造性劳动的内涵，掌握创造性劳动的特点。
2. 了解创造性劳动的类型，掌握开展创造性劳动的方法。
3. 了解并掌握创造性劳动的实现途径。

课前思考

创造是一个民族进步的灵魂，是一个国家兴旺发达的不竭动力。创造在劳动中无处不在，智能终端、无人机、人工智能等领域的技术革新推动着劳动方式的变革。请思考，简单重复劳动被智能化机器取代后，人的劳动价值如何体现？

第一节　大学生与创造性劳动

一、创造性劳动的内涵

马克思在《资本论》中对劳动进行了如下界定："劳动首先是人和自然之间的过程，是人以自身的活动来中介、调整和控制人和自然之间的物质变换的过程。人自身作为一种自然力与自然物质相对立。为了在对自身生活有用的形式上占有自然物质，人就使他身上的自然力——臂和腿、头和手运动起来。当他通过这种运动作用于他身外的自然并改变自然时，也就同时改变他自身的自然。他使自身的自然中蕴藏着的潜力发挥出来，并且使这种力的活动受他自己控制。"① 劳动作为人类能动的实践活动，不仅通过生活资料的生产从物质上保证了人类的生存与发展，而且在劳动的实践过程中推动了人类智力的发展，增强了人类从事物质生产活动的能力。正如马克思所言："劳动是积极的、创造性的活动。"②

（一）劳动的创造性

劳动起因于人类生存发展对物质产品的需要，是人类通过付出体力、脑力以获得物质生活资料的活动。人类在劳动过程中能动地改变他所生活的自然条件与环境，使之按照人的意志发生变化，以适应人类生存、发展对物质产品的需要，因此，人类劳动与动物本能的区别就在于劳动是人类为改变外部环境、适应自身物质生活需要而进行的有目的、有意识的活动。尽管动物可以做一些类似人的活动，但是这些行为并不是他们的意志所向，而是在周围环境的刺激下本能的生存竞争。人类劳动起源于制造工具，在劳动过程中，人的意识始终起着支配作用，各类生产工具从无到有的制造过程充分体现了人类劳动的创造性。人们在生产实践中与自然界接触，产生了对自然的认识，这种认识经过感性认识上升至理性认识，理性认识再应用于实践。经过这个过程的反复，人们对自然规律的把握和运用能力逐步提升，劳动创造能力也不断提升。这使得人类自身蕴含的自然力能够以多样的方式改变外部环境，促进劳动生产率提高和生产种类的丰富，不断满足人们各方面的需要。此外，人类通过劳动还增加了彼此之间的联系和协作，促进了人们的交往，形成了人们之间的社会关系。人类社会就是在劳动实践中不断向前发展进步的。正如恩格斯所说："劳动是整个人类生活的第一个基本条件，而且达到这样的程度，以致我们在某种意义上

---

① 马克思恩格斯文集：第5卷［M］. 中共中央马克思恩格斯列宁斯大林著作编译局，编译. 北京：人民出版社，2009：207-208.

② 马克思恩格斯全集：第30卷［M］. 中共中央马克思恩格斯列宁斯大林著作编译局，编译. 北京：人民出版社，1995：618.

不得不说：劳动创造了人本身。"① 可见，作为人类劳动的核心特征，创造性反映了人类劳动的本质特征。

（二）创造性劳动

虽然人类劳动具有创造性的一般特征，但并不是所有的劳动都是创造性劳动。劳动产品是人类劳动的物化，是人类通过劳动对自然物质进行改造或创造的结果。根据劳动产品是否是先前已经存在的，我们可以将劳动划分为重复性劳动和创造性劳动。如果说重复性劳动或模仿性劳动的本质特征在于复制和生产人类已有或部分已有使用价值，那么创造性劳动的独特性在于认识和掌握未知或部分未知事物，发现、发明和创造人类未有或部分未有使用价值②。因此，重复性劳动的成果主要是人类已有或部分已有使用价值，表现为劳动成果的量的积累。而创造性劳动更多强调的是一个从无到有的过程，是通过人类体力和脑力的消耗最终创造或改进某种产品、技术、方法、思想、理论的过程，主要表现为劳动成果的质的突破。创造性劳动的成果不仅包括物质财富的创造，例如有形的物质产品，如指南针、电话机、内燃机、青霉素、计算机等物品的发明创造，也包括精神财富的创造，如文学家的文学作品、音乐家的音乐作品、爱因斯坦提出的相对论、马克思提出的剩余价值论等。创造性劳动的成果还包括社会组织的创造，如不同的社会制度、不同的公司制度等。

从劳动的一般意义上来看，创造性劳动和重复性劳动都是人类体力和脑力支出的过程，人类劳动的任何具体形态都要靠体力、脑力的支出来实现。在抽象劳动的形态上，无论是生产人类已有或部分已有使用价值的重复性劳动，还是生产人类未有或部分未有使用价值的创造性劳动，生产不同使用价值的劳动的具体形态已经被抽去，留下的是人类劳动共同的、无差别的性质③。从劳动可以分为具体劳动和抽象劳动的二重性来看，正是在生产劳动中一般的、无差别的人类劳动凝结形成了商品价值。在劳动的抽象形式上，创造性劳动与重复

---

① 马克思恩格斯文集：第9卷［M］．中共中央马克思恩格斯列宁斯大林著作编译局，编译．北京：人民出版社，2009：550．

② 赵培兴．创新劳动价值论：论超常价值［M］．北京：人民出版社，2014：52．

③ 张俊山．政治经济学：当代视角［M］．北京：清华大学出版社，2015：88．

性劳动没有质的差别，也没有知识量的差别。马克思指出："就使用价值说，有意义的只是商品中包含的劳动的质；就价值量说，有意义的只是商品中包含的劳动的量，不过这种劳动已经化为没有质的区别的人类劳动。在前一种情况下，是怎样的劳动，什么劳动的问题；在后一种情况下，是劳动多少，劳动时间多长的问题。"① 由此可见，不管生产的是已有使用价值还是新的使用价值，在人类社会发展的过程中，创造性劳动和重复性劳动作为抽象劳动，都能够创造新价值，是价值的唯一源泉。因此，从这个意义上说，重复性劳动和创造性劳动都是创造财富的劳动，没有高低贵贱之分，任何一份职业都很光荣。不能认为复杂的、以脑力劳动为主的创造性劳动就比一些重复性简单体力劳动更为重要。习近平总书记多次强调，"一切劳动，无论是体力劳动还是脑力劳动，都值得尊重和鼓励""任何时候任何人都不能看不起普通劳动者"②。普通劳动者在平凡的岗位上勤勤恳恳、任劳任怨，默默无闻地奉献着自己的智慧和汗水，对社会发展、时代进步、国家富强作出的贡献、发挥的作用同样不容忽视。

二、创造性劳动的特点

创造性劳动通过人类体力和脑力的消耗创造出无数种前所未有的使用价值，满足人们各方面的需要。作为一种特殊的人类劳动形态，创造性劳动既具有人类劳动的一般特点，同时又具有独特性。

（一）能动性

劳动是人类所特有的活动，是一种有目的、有意识的能动活动。无论是创造性劳动还是重复性劳动，都是人类独具的主观能动性的表现。人的意识始终在劳动过程中起着支配作用，正是人的思维和意识使劳动表现为不同的形态。

---

① 马克思恩格斯选集：第 2 卷 [M]．中共中央马克思恩格斯列宁斯大林著作编译局，编译．北京：人民出版社，1995：122-123．

② 习近平．在庆祝"五一"国际劳动节暨表彰全国模范和先进工作者大会上的讲话 [N]．人民日报，2015-04-29（02）．

马克思说过:"我们要考察的是专属于人的劳动。蜘蛛的活动与织工的活动相似,蜜蜂建筑蜂房的本领使人间的许多建筑师感到惭愧。但是,最蹩脚的建筑师从一开始就比最灵巧的蜜蜂高明的地方,是他在用蜂蜡建筑蜂房以前,已经在自己的头脑中把它建成了……他不仅使自然物发生形式变化,同时他还在自然物中实现自己的目的。"① 因此,做什么、怎么做是在劳动之前和在劳动过程中由人的思维和主观意识决定的。创造性劳动来自人类思维的创造性,重复性劳动或模仿性劳动来自人类思维的重复性和模仿性。创造性思维决定了创造性劳动,培养和锻炼创造性思维方式对于能够进行创造性劳动至关重要。

(二)对象性

在劳动过程中,劳动者处于主动地位,对劳动过程起着主导和推动作用。劳动对象则是劳动过程的客体,在劳动过程中转化为满足人们各种需要的属性的物,也就是劳动产品,体现了劳动的对象性,是对象化的知识力量。"自然界没有造出任何机器,没有造出机车、铁路、电报、自动走锭、精纺机等等。它们是人的产业劳动的产物……是人的手创造出来的人脑的器官;是对象化的知识力量。"② 劳动产品作为物化劳动的形式,满足人们需要的属性,表现在它们的有用性上。这种有用性就是劳动产品的使用价值。创造性劳动的本质特征就表现为在创造性思维的主导下生产和创造出前所未有的、新的使用价值的过程。

(三)实践性

创造性劳动是在劳动实践中完成的,在劳动实践中才能使创造性劳动的主观能动性和客观对象性相结合转化为有用的劳动产品。如果空有创造性思维或者创造性的灵感,并没有付诸实践使其通过创造性劳动过程转化为劳动成果,就不能将其称之为创造性劳动。光有想法没有行动永远都是空中楼阁,离开了

---

① 马克思恩格斯全集:第23卷[M]. 中共中央马克思恩格斯列宁斯大林著作编译局,编译. 北京:人民出版社,1972:202.
② 马克思恩格斯全集:第8卷[M]. 中共中央马克思恩格斯列宁斯大林著作编译局,编译. 北京:人民出版社,2009:197-198.

创造性劳动的实践过程，再好的想法与灵感也无法转化为有用的劳动产品。因此，只有仰望星空与脚踏实地并存才能走到远方。只有通过在做中学、做中思、做中行，做到知行合一，才能实现理论与实践相统一，才能在劳动实践的过程中提高大学生的知识水平和从事创造性劳动的能力与素养。

（四）积累性

人们通过创造性劳动生产和创造出新的使用价值并不是一蹴而就的，而是一个不断重复、循环累积的过程。例如，爱迪生发明电灯、居里夫人发明放射性元素镭、弗莱明发明青霉素均在实验室进行过无数次重复性实验。通常情况下，只有在不断重复的过程中才能发现更好的方法和途径，最后创造出新的产品、技术、方法和理论。如果说创造性劳动更多地表现为劳动产品的质的突破，重复性劳动表现为劳动产品量的累计，那么重复性劳动是创造性劳动的基础，没有重复性劳动的积累就没有创造性劳动质的突破。可见，创造性劳动是一个由简单到复杂、由低级到高级的过程，也是一个在重复性劳动和模仿性劳动过程中不断积累创造性因素的基础上实现创造的发展过程。

三、创造性劳动的类型

人类进行劳动首先是源于自身物质生活的需要。人们通过劳动改造自然，以便生产出生活所需的各种物质产品。随着科学技术进步和社会分工不断深化，劳动生产力的提高使生产过程中的剩余产品不断增加，因而可以使一部分社会成员脱离生产劳动，去从事物质生产以外的各种活动，例如认识自然规律及运用自然规律的科技活动、传播知识和启迪智慧的教育活动、获得以及维护人类健康的医疗活动等。因此，根据人类劳动形式的历史逻辑演变，可以将创造性劳动分为创造性生产劳动和创造性非生产劳动两种类型。

（一）创造性生产劳动

创造性生产劳动是其他各种劳动的基础。创造性生产劳动创造的物质财富为其他形式的劳动提供了物质基础。创造性生产劳动包括创造和形成新的产品，还包括在生产过程中对生产工艺的改进和突破，如对生产工艺流程、加工技术、操作方法、生产技术装备等的开发和改进。

企业员工黄金娟带领团队通过创造性劳动完成的"电能表智能化计量检定技术与应用"项目获得2017年国家科学技术进步奖二等奖，成为首位摘得国家科学技术进步奖的女性技术工人。这一成果广泛应用于电力能源基础领域，攻克了传统电能表人工检定效率低下、质量控制困难等难关，首创了电能表计量检定智能化作业工法。黄金娟发明的同步接拆、新型封印、智能移栽3项技术，创建了电能表检定节拍测算工具与质量溯源方法，实现了电能表计量检定由人工作业向智能化作业的变革，使工作效率提升了58倍。我国年轻的大国工匠洪家光带领团队研发的"航空发动机叶片滚轮精密磨削技术"，通过发明多因素耦合振动消减方法、超厚阴模高精度车削方法等，使叶片滚轮精密磨削精度提高至0.005mm，合格率由78%提高至92.1%，为国家新型战机、大飞机提供了关键技术支撑。这些工作在生产一线的技术工人通过他们的创造性劳动在推动技术创新、加快产业转型升级、提高企业竞争力等方面作出了重要贡献。

（二）创造性非生产劳动

创造性非生产劳动包括涉及文化、艺术、科学、教育、医疗、社会管理等不同领域的劳动。例如，创造性科研劳动是人们有目的、有计划、有意识地在已有认识的基础上，运用科学研究的方法，探索自然现象和社会现象的认识过程。科学研究的英文单词是research，从其构成上可以发现，就是反复（re-）探索（search），以求得对事物的真知。例如，"杂交水稻之父"袁隆平通过创造性劳动发明的杂交水稻让世界水稻产量得到大幅度提高，为粮食大面积增产发挥了重要作用，取得了巨大的经济效益和社会效益，为解决我国人民的温饱问题作出了卓越贡献。药学家、抗疟药青蒿素和双氢青蒿素的发明者屠呦呦通过创造性劳动创建了低温提取青蒿抗疟有效部位的方法，并最终发现了青蒿素。青蒿素的发现为人类抗疟药物的发展开拓了新方向，挽救了590万名儿童的生命，她也因此获得2015年诺贝尔生理学或医学奖。

创造性艺术劳动则展现了人类在身体、智慧以及精神方面的发展追求。创造性艺术劳动尽管不像物质生产活动那样作为人类生存、发展的手段而存在，但却作为人类本质体现的目的而存在。例如，我国北宋画家张择端创作的《清明上河图》、德国著名音乐家贝多芬创作的《命运交响曲》等作品，还有一些文学家通过创造性劳动创作的文学作品等都是人类创造性非生产劳动的物化形式。

四、科学地开展创造性劳动

（一）创造性劳动的过程

创造性劳动可以划分为四个阶段：问题提出阶段、思考探索阶段、形成方案阶段、实践验证阶段。

1. 问题提出阶段

创造性劳动是从发现问题、提出问题开始的。有价值的问题的提出需要基于知识和经验的积累以及对问题价值的判断。

2. 思考探索阶段

在这个阶段，需要围绕问题开展创造性思考和反复尝试，需要多方思维反复碰撞，不断进行组合、交叉、选择、实验，以形成新的创意。

3. 形成方案阶段

在这个阶段，需要将解决问题的创意思路和想法记录下来，并根据尝试情况进行筛选，形成问题解决方案。这一阶段，灵感思维通常会发挥决定性作用。

4. 实践验证阶段

这一阶段需要将初步的解决方案进行实践、论证和完善，一方面进行理论验证，另一方面进行实践检验，进而保证创造性劳动成果的质量。

（二）创造性劳动的方法与策略

在进行创造性劳动的时候可以借鉴技术创新的一般方法，如转化、改造、移植、组合等方法。

1. 转化

转化是指根据已有的科学原理，进行技术发明和技术创新。这种技术发明和创新方法主要是将已有的理论性的科学研究成果，转化为一定的技术原理和技术成果，将知识形态的东西转化实物形态的东西。其特点是具有明显的新颖性和创造性，常能开拓出新的技术手段和方法。比如，吸尘器的发明者，从"吹"灰尘的反向角度——"吸"灰尘思考问题，运用真空负压原理，发明了电动吸尘器。

2. 改造

改造是指在原有基数基础上进行技术革新、技术改造，特点是基本技能原理不变，在已有技术原理的基础上对产品的样式、外形、特性和功能，进行技术革新和创造，以研制出形态好、功能多、效率高、成本低、使用方便的新产品、新方法、新工艺、新材料。

比如装配式建筑师，他们把传统建造方式中的大量现场作业工作转移到工厂进行，在工厂加工制作好建筑用构件和配件（如楼板、墙板、楼梯、阳台等），运输到建筑工地现场，通过可靠的连接方式在现场装配安装成各种建筑。

3. 移植

移植是把某一事物的原理、结构、方法、材料等移植到新的载体，用以变革和创造新事物的创造技法。第二次世界大战以来，以电子计算机技术、微电子技术、通信技术、核技术、激光技术、新材料技术、空间技术、海洋技术等为主导的现代高技术群相继出现。这些高技术群不断在社会生活的各个领域进行渗透、借鉴和移植，使得社会整体技术水平得到很大进步，从而把人类社会引入一个崭新的技术时代。

移植可以分为原理移植、技术移植、结构移植、方法移植、功能移植和材料移植。

（1）原理移植，即把某一领域的科学原理应用于解决其他领域的问题。例如，电子语音合成技术最初用在音乐贺卡上，后来被运用于倒车提示器，又有人把它用到了玩具上，制造出会哭、会笑、会说话、会唱歌、会奏乐的玩具。

（2）技术移植，即把某一领域的技术运用于解决其他领域的问题。

（3）方法移植，即把某一学科、领域的方法应用于解决其他学科、领域的问题。例如，中国香港中旅集团有限公司总经理马志民赴欧洲考察，参观了融入荷兰全国景点的"小人国"，回来后就把荷兰的"小人国"的微缩处理方法移植到深圳，融我国的自然风光、人文景观于一炉，集千种风物、万般锦绣于一园，建成了具有中国特色和现代意味的名胜"锦绣中华"。开业以来游人如织，十分红火。

（4）结构移植，即将某种事物的结构形式或结构特征，部分地或整体地运用于某种产品的设计与制造。例如：缝衣服的线"移植"到手术中，出现了专用的手术线；用在衣服鞋帽上的拉链"移植"到手术中，完全取代用线缝合的传统技术，"手术拉链"比针线缝合快10倍，且不需要拆线，大大减轻了病人的痛苦。

（5）功能移植，即设法使某一事物的某种功能也为另一事物所具有而解决某个问题。例如，人类根据萤火虫的发光原理制成的冷光源，发光效率大大提高，节约了能源。

（6）材料移植，即将某种材料应用于新领域。例如，用塑料和玻璃纤维取代钢铁，制造坦克的外壳，不但减轻了坦克的重量，而且具有避开雷达的功能。

4. 组合

组合法就是将两种或两种以上的学说、技术、产品的一部分进行适当叠加和组合，用以形成新学说、新技术、新产品的创新思维方法。创新中的组合应满足两个条件：一是由不同的技术因素构成的具有统一结构与功能的整体；二是组合物应具有新颖性、独特性和价值性。

（1）主题附加法又称为内插式组合法，是在原有技术思想上补充新内容、在原有的物质产品上增加新附件，从而使得新得到的物品性能更强的组合方法。

（2）异物组合法是通过组合将若干个事物的功能或特点进行整合，达到优化事物的目的，进而实现一物多能或一物多用的效果。

（3）同类组合法是将两种或两种以上的相同或相近事物组合，其特点是参与组合的对象和组合前相比，其基本性质和结构没有根本变化，是在保持事物原有功能或意义的前提下，通过数量的变化来弥补功能上的不足或得到新的功能。

（4）重组组合法是在事物的不同层次上分解原来的组合形式，然后再以新的思想重新组合起来，其特点是改变了事物各部分之间的相互关系。

例如，瑞士军刀是主体附加法的典型案例。它是将许多工具组合在一个刀身上的折叠小刀，由于瑞士军方为士兵配备这类工具刀而得名。在刀具这一主题功能的基础上，瑞士军刀附加圆珠笔、牙签、剪刀、平口刀、开罐器、螺丝刀、镊子等小工具，后来还增加了激光笔和手电筒。

又如，智能车辆是一个集环境感知、规划决策、多等级辅助驾驶等功能于一体的综合系统，它集中运用了计算机、现代传感、信息融合、通信、人工智能及自动控制等技术，是典型的高新技术综合体。

拓展阅读

"抓斗大王"的奋斗故事

包起帆曾是上海港务局白莲泾码头的一名普通装卸工。他在港口货物装卸技术上取得重大突破，为提升港口货物装卸效率、最大限度降低装卸风险作出了巨大贡献，先后被任命为龙吴港务公司经理、上海国际港务（集团）股份有限公司副总裁、华东师范大学国际航运物流研究院院长，多次荣获全国"五一劳动奖章"，以及全国劳动模范、全国优秀共产党员、"改革先锋"等荣誉称号，在第95届巴黎国际发明展览会上夺得4个金奖，并获得比利时王国"军官勋章"、发明者世界联合会特别奖等国际重要奖项，被国家标准化组织任命主导集装箱电子标签国际标准的研制工作。而支撑包起帆由一名普通工人成长为国际知名发明家的，正是他对抓斗技术的深耕创新。

20世纪我国港口货物装卸技术相对较为落后，大型货物在装卸过程中常导致严重的事故，仅1981年一年，包起帆就目睹了三名同事死于木材装卸事故。这大大激发了包起帆改进技术、解决"木老虎"问题的决心。但他学历不高,技术水平欠佳,对技术原理知识一知半解,为了能够取得技术突破,当时26岁的包起帆发奋考进了上海工业大学,专攻起重机运输机械专业。克服"木老虎"的过程是艰辛的,货物装卸涉及基础力学、机械学、材料学等多个学科的知识,还要充分考虑装卸货物的重量与形状等多方面的因素。在设计方案的过程中,包起帆遇到了很多难题,一直没有设计出理想的卸载方案。有一天,他路过码头,看到别的公司用抓斗卸载黄沙和石子。抓斗"一抓一合"的机械运动方式启发了包起帆,他认为木材的卸载也可以使用抓斗来进行。但是抓斗方案在过去曾被尝试过,均告失败,彼时国外也没有类似的经验可以借鉴。在这种情况下,包起帆仍立志用抓斗原理解决问题。历经数年的设计和实验,耗费了无数块纸板、查阅了无数份资料,最终,包起帆成功发明出"双索门机抓斗"。

包起帆并未止步于此,他根据圆珠笔芯"一伸一缩"的运动原理将双索优化为单索,并先后发明了6种不同类型的木材抓斗。他又根据民间玩具"纸模老鼠"的启发,发明了"滑块式单索多瓣生铁抓斗",填补了生铁卸载工具的空白……三十多年来,包起帆与同事们共同完成了130多项创新项目,被誉为"抓斗大王"。

包起帆的奋斗故事是对创造性劳动的最佳诠释。改变装卸技术落后状况的决心是激励包起帆奋力钻研的原动力。他在工作和生活中,处处留心,捕捉技术创新的灵感,坚持学习并应用所学知识解决实际技术问题,经历反复多次的设计与实验,最终实现了重大的技术创新。持之以恒钻研、创新的经历,帮助包起帆从一名普通工人成长为国际知名发明家,也充分发展了劳动者敬畏职业、追求突破、实现创新的工匠精神。

第二节 创造性劳动的实践途径

创新创业教育与劳动精神培育的融合,需要实践作为中介,以实现大学生创新创业能力与综合素质的提升。高校为大学生提供了多种形式的实践活动,以培养具有劳动精神的校园文化。一方面高校应组织学生积极参与各类创新创业活动、竞赛，让大学生对创新创业的背景、流程、发展趋势有一定的了解，引导学生在实践中增长才干；另一方面高校应建立创新创业实践基地，为学生提供实践的平台，让学生把创业理论知识转化为实实在在的成果，增强大学生创业的获得感。具体实践形式包括以下几种。

一、创新创业社团活动

高校创新创业型社团是一种新兴的社团组织，具有鲜明的特点——创新性强。创新性是社团组织的核心思想。创新创业社团以课题、项目以及竞赛为纽带，大学生根据自己的需求参加创新创业社团活动，容易获得创新的契机。

（一）创新创业社团的作用

1. 高校创新创业氛围培育的加速器

创新创业社团作为将实际动手能力与创新思维相结合的一种自发性学生组织，不仅是当前进行素质教育的有效载体，同时也是打破传统社团建设思维，推进高校创新创业氛围培育的重要平台。创新创业社团将创新视为选拔人才的首要标准，加之其辐射广泛，参与学生众多，积极性高，极大地推动了学生创业实践与创新意识的发展，在学生层面营造了良好的创新创业氛围，进而能够推动整个学校甚至地区的创业环境的改善。

2. 大学生创新创业意识和能力培养的放大器

当前，在高校创新创业教育实践的过程中，多数学校采用"第一课堂"与"第二课堂"相结合的方式。在"第一课堂"培养方面，高校广泛开设各种创新创业课程，如 KAB 创业基础选修课、创业实践指导等，从理论知识层面为广大学生提供智力支持，同时以课堂教学的方法提高全体师生对创新创业意识培养的重视程度。而创业社团作为学生的"第二课堂"，主要是结合具体项目与市场发展动向，以组织模拟或者实战的形式，在学校及社会提供的实验室、研发基金等硬件支持下，为广大师生提供亲身实践的机会，更加有助于大学生的学思结合、知行统一。在大学生社团的组织下，一些大学生创业项目按照实际项目的方式运营，从实践中锻炼学生的抗压能力、团队配合及解决问题的能力，有效地将大学生的创新创业意识实体化、市场化，成为大学生创新创业意识与能力培养的放大器。

（二）创新创业社团的形式

1. 大学生创新创业协会

大学生创新创业协会（以下简称"创协"）是在高校创新创业机构指导下的学习型群众组织，在全校学生中开展一系列的创新创业实践活动，提升大学生的创新意识、创业精神和社会责任感。其主要职责包括以下几个方面。

（1）对该协会学生进行日常管理，组织"挑战杯""创青春"等全国大赛的校内选拔工作，负责科技文化艺术节等活动的方案策划、实施和评估，宣传协会优秀文化，构建和谐学习交流环境。

（2）在全校范围内开展科技文化学习和社会实践等形式多样的课余和校外活动，营造浓厚的校园创新创业氛围。

（3）邀请政府、企业家、学者等社会各界知名人士开展企业家论坛、创业基本知识课堂等活动，聘请相关专业人士担任创业导师，分享成功经验。

（4）定期开展相关政策、经营管理、商务礼仪、法律等创业知识、技能的培训，帮助在校大学生开阔视野，提高创业能力和经营管理水平。

（5）组织企业参观学习，提供创业交流、企业实习和正规兼职服务机会，建立信息反馈系统，让学生从中感受优秀企业的运营模式和文化。

（6）建立有效的传播渠道，实现资源共享，让更多的大学生了解校创协，为校创协出谋划策。

（7）加强与省内外院校同类大学生组织的交流与合作，立足本省，共同推进地区高校创新创业教育的发展，掀起学生创业的新浪潮。

2. KAB创业俱乐部

KAB（Know About Business，了解企业），是国际劳工组织为培养大学生的创业意识和创业能力而专门开发的教育项目。为适应创新创造的时代要求，满足青年就业的现实需要，培养青年的创业意识和创业能力，共青团中央、全国青联与国际劳工组织合作，自2005年8月起在中国大学中开展KAB创业教育（中国）项目（简称"KAB项目"）。这是共青团中央、全国青联通过国际合作推进中国创业教育发展的一项尝试，旨在吸收借鉴国际经验的基础上，探索出一条具有中国特色的创业教育之路。

高校的KAB创业俱乐部通过组建涵盖全校各年级各专业数百名创业爱好者的创业团队，组织会员参与各类创新创业实践活动，为会员搭建创业实践平台，引领和帮助了大批会员参与创新创业实践。KAB重点培养大学生的创业创造性思维，有意识地开展具有理论性和实践性的活动，通过广泛组织和开展各种与创新创业有关的交流活动，努力营造校园科技创新氛围，促进在校生与校外企业及政府机构间的交流，增强大学生的竞争意识，提高大学生的社会适应力，为大学生参与创业实践创造机会。

3. 创行社团

创行社团（Enactus）成立于1975年，是一个由几十个国家近2000所高校的在校大学生、学术界人士以及来自全球500强企业的商界领袖组成的学生组织。创行社团一直以来都希望运用积极的商业力量，以创新和项目式学习践行企业家精神，共创更加美好的可持续发展的世界。

加入创行社团可以收获很多：①与世界500强高管、CEO面对面接触的机会；②与优秀高校的优秀创行伙伴们交流的机会；③一个面向全国创行团队以及各大企业高管展示风采的机会。

二、大学生创新创业训练计划项目

大学生创新创业训练计划简称"大创计划"，是教育部为深入推进新发展阶段高校创新教育变革而发起的一项具有深远意义的全国性高校创新创业教育项目。此计划旨在大力引导大学生紧密围绕国家经济社会发展的关键脉络以及重大战略需求，积极投身于创新创业实践活动之中。学校通过实施该计划，致力于进一步激发大学生开展创新创业的主观能动性、饱满热情与无限创造力，全力倡导大学生积极践行研究探索式学习模式,独立自主地开展科研创新工作,从而实现创新创业教育的深度深化,为国家培育出更多具备创新精神、实践能力和社会责任感的高素质人才。

(一) 大学生创新创业训练计划项目类型

项目分一般项目和重点支持项目两类。重点支持项目旨在鼓励引导大学生面向国家经济社会发展和重大战略需求,结合创新教育发展趋势,在重点领域和关键环节取得突出创新成果。重点支持项目本着"有限领域、有限规模、有限目标"的原则,支持对具有一定创新性的基础理论研究项目和有针对性的应用研究项目进行持续深化研究和实践,鼓励开展新兴边缘学科研究和跨学科的交叉综合研究。研究团队要有效利用高校和社会现有的重点实验室、协同创新中心、工程研究中心、国际科技合作基地、大学科技园、技术中心、技术转移中心、实验教学示范中心等研究平台所拥有的一流学科和科研资源,积极开展前沿性科学研究、颠覆性原创性技术创新、实质性创业实践。重点支持项目由地方教育行政部门负责择优推荐,推荐数额不超过上一年度"国创计划"立项项目总数的2%。项目支持经费原则上不低于同类型一般项目支持经费的2倍。

(二) 具体项目

1. 创新训练项目

在导师指导下,本科生个人或团队自主完成创新性研究项目设计、研究条件准备和项目实施、研究报告撰写、成果(学术)交流等工作。

2. 创业训练项目

在导师指导下,本科生团队中每个大学生在项目实施过程中扮演一个或多个具体的角色,参与编制商业计划书、开展可行性研究、模拟企业运行、参加企业实践、撰写创业报告等工作。

3. 创业实践项目

在学校导师和企业导师共同指导下,本科生团队采用前期创新训练项目

（或创新性实验）的成果，提出一项具有市场前景的创新性产品或者服务，并以此为基础开展创业实践活动。

（三）团队组成

大学生创新创业训练项目团队由 3~5 名大学生组成，项目负责人在申报时须为在读本科生，项目参与人在申报时原则上为在读本科生。原则上项目团队需自行寻求对口专业教师指导，指导教师最多可以有 3 名，并至少有 1 名具有高级专业技术职称或获得博士学位，鼓励企业人员参与指导或共同担任导师。

三、创新创业竞赛活动

大学生创新创业竞赛作为一种实践性较强的学科竞赛，具有以学生为中心、理论与实践紧密结合等鲜明特点，可以与现代教学工作的基本阶段（产生学习动机、领会知识、巩固知识、运用知识与检查知识）有机对接，从而推动授课方式变革，有效调动大学生的积极性，引领高等教育改革全面纵深发展。

（一）挑战杯

挑战杯是由共青团中央、中国科协、教育部和全国学联共同主办的全国性的大学生课外学术实践竞赛，承办高校为国内著名大学。

1. 比赛项目

"挑战杯"竞赛在中国共有两个并列项目，一个是"挑战杯"中国大学生创业计划竞赛（简称"小挑"），另一个则是"挑战杯"全国大学生课外学术科技作品竞赛（简称"大挑"）。这两个项目的全国竞赛交叉轮流开展，每个项目每两年举办一届。

2. 奖项设置

"小挑"设置金奖、银奖、铜奖，而"大挑"设置特等奖、一等奖、二等奖、三等奖。"大挑"有学历限制而"小挑"没有，"大挑"分为专本科组、硕士组、博士组。"大挑"国赛最多可以报 8 人，而"小挑"最多可以报 10 人。

3. 竞赛时间

竞赛组织发动阶段一般为每年第四季度，次年 2～3 月进行校内选拔赛，择优推出本校参赛作品，5 月底前，举办省赛，10～11 月进行全国赛。

(二) 中国国际大学生创新大赛

中国国际大学生创新大赛（原"互联网＋"大学生创新创业大赛）由教育部、中央统战部、中央网信办、国家发展改革委、工业和信息化部、人力资源和社会保障部、农业农村部、中国科学院、中国工程院、国家知识产权局、国家乡村振兴局、共青团中央和承办省人民政府共同主办，各地方政府或知名高校承办。

1. 赛道组别

大赛涵盖主体赛事和同期活动。主体赛事设置高教主赛道、"青年红色筑梦之旅"赛道、职教赛道、产业命题赛道和萌芽赛道共五条赛道。高教主赛道面向本科生和研究生分别设创意组和创业组；"青年红色筑梦之旅"赛道下设公益组、创意组和创业组；职教赛道下设创意组和创业组。

同期活动包括资源对接会、大学生创新成果展、世界大学生创新论坛、世界大学生创新指数框架体系发布会等。

2. 参赛类别

（1）高教主赛道：新工科类、新医科类、新农科类、新文科类、人工智能＋。

（2）"青年红色筑梦之旅"赛道：现代农业、制造业、信息技术服务、文化创意服务、社会服务。

（3）职教赛道：创新类、商业类、工匠类。

3. 赛制赛程

大赛主要采用校级初赛、省级复赛、总决赛三级赛制。大赛的组织发动阶段为每年5~8月，在此期间各高校将通过校赛的方式择优遴选出优秀项目参加6~8月举办的省级复赛，每年10月进行全国总决赛。

 拓展阅读

小满良仓，精准扶贫，发力"互联网＋农业"

2014年10月，"小满良仓"在张旺手中诞生。本着"找回土地和汗水应有的价值"的理念，这一创业计划得以迅速发展。2018年10月，"小满良仓"在这一群年轻人手中又经打磨，走上第四届"互联网＋"青年红色筑梦之旅赛道。

"小满良仓"建立的初衷是通过构筑覆盖农村的电商生态体系，打通农村产品与市场的"最后一公里"，解决在农产品消费升级趋势下农民低收入的问题。2015年12月"小满计划"在陕西省咸阳市武功县开展，短短一个月便卖出了9600件礼盒装产品，营业额超过100万，先后被咸阳电视台、三秦都市报、新华社报道。在信息化发展的浪潮下，为了让农户更好地融入"互联网＋农业"中，完善山区农业产业链的各个环节，"小满良仓"团队与当地农业局和经销商合作，从种植到仓储、物流再到最后的销售，将资源整合，致力打造"互联网＋农业"的高度精准化信息发展模式，实现创业与精准扶贫两不误。

参加第三届中国国际"互联网＋"大学生创新创业大赛"青年红色筑梦之旅"活动后，通过青年红色筑梦之旅平台，"小满良仓"团队受到了极大的教育和启发。2017年8月，由张旺主笔，青年"创客"们向习近平总书记汇报了参观梁家河的收获和成长，他们收到了习近平总书记的回信。在信中习近平总书记勉励他们要做有理想、有追求、有担当的青年人，团队决定把"小满良仓"项目继续完善打磨，更好地去帮助农民，从"单纯帮农户卖东西"到"不仅仅要帮农户卖，更要给予他们自造血的能力，使他们生产出高质量的农产品，学会自产自销"。

从"青年红色筑梦之旅"再启程，"小满良仓"再度踏上了"互联网＋"创新创业的新征程。

测一测：你的创造力有多强

以下为美国普林斯顿创造才能研究公司为选拔创新人才设计的"你的创造力有多强"的测试题，即著名的尤金·劳德塞测试题。测试题有 50 个句子，请根据你本人的实际情况填写。

A——非常同意；B——同意；C——中间态度；D——反对；E——坚决反对。

1. 在解决某一特定的问题时，我总是很有把握地认为我是按正确的步骤工作的。（   ）

2. 我认为如果无望得到回答，提问题就是浪费时间。（   ）

3. 我觉得有条理地、一步步地做是解决问题的最好方法。（   ）

4. 我也偶尔在集体内发表一些似乎叫人扫兴的意见。（   ）

5. 我花大量的时间考虑别人对我的看法。（   ）

6. 我觉得我可能对人类作出特殊的贡献。（   ）

7. 我认为做自己认为正确的事比争取别人赞成更重要些。（   ）

8. 那些看上去做事没有把握、缺乏自信心的人得不到我的尊重。（   ）

9. 我能长时间盯住一个难题不放。（   ）

10. 偶尔我会对事情变得过于热心。（   ）

11. 我常常在没有具体做什么时想出最好的主意。（   ）

12. 在解决问题的过程中，我凭直觉，凭"是""非"感。（   ）

13. 在解决问题中，分析问题时，我做得较快，而综合所得信息时，做得较慢。（   ）

14. 我有收集的嗜好。（   ）

15. 幻想为我执行许多重要的计划提供了动力。（   ）

16. 假若放弃现在的职业，要我在两个职业中选择一个，我宁愿当医生而不愿意当探险家。（   ）

17. 和社会职业阶层与我大致相同的人在一起，我会相处得好一些。（   ）

18. 我有高度的审美力。（   ）

19. 直觉不是解决问题的可靠向导。（   ）

20. 与其说我热衷于向别人介绍新思想，还不如说我的兴趣在于拿出新思想。（   ）

21. 我往往避开使自己不如他人的场合。（   ）

22. 在对信息进行估价时，我觉得它的来源比它的内容重要些。（   ）

23. 我喜欢那些遵循"先工作后享乐"规则的人。（   ）

24. 一个人的自尊比受别人尊重重要得多。（   ）

25. 我认为那些追求至善至美的人是不明智的。（   ）

26. 我喜欢那种我能影响他人的工作。（   ）

27. 我认为凡物必有其位，凡物必在其位。（   ）

28. 那些抱着"怪诞"思想的人是不实际的。（   ）

29. 即使我的新思想没有时间效用，我却宁愿去想。（   ）

30. 当某一个解决问题的办法行不通时，我能很快改变思考问题的方向。（   ）

31. 我不愿意问显得无知的问题。（   ）

32. 我宁可为了从事某一工作或职业而改变自己的爱好。（   ）

33. 问题无法解决往往在于提了错误的问题。（   ）

34. 我经常能预感到解决问题的方法。（   ）

35. 分析失败是浪费时间。（   ）

36. 只有思路模糊的人，才会借用隐喻和类比。（   ）

37. 有时我非常欣赏一个骗子的技巧，以至于希望他能安然逃脱惩罚。（   ）

38. 经常面对一个只是隐隐约约感受到了的但又说不清楚的问题，我就开始去解决它。（   ）

39. 我往往易于忘记像人、街道、公路、小城镇的名称这类东西。（   ）

40. 我觉得勤奋是成功的基础。（   ）

41. 对我来说，被人看作是集体的好成员是很重要的。（   ）

42. 我知道怎样控制我的内心活动。（   ）

43. 我是个可靠、责任心强的人。（　　）

44. 我不喜欢干事情没有把握，不可预见。（　　）

45. 我宁愿和集体共同努力而不愿意单枪匹马。（　　）

46. 许多人的问题在于他们对事情过于认真。（　　）

47. 我经常被要解决的问题困扰，但却又无法撒手不管。（　　）

48. 为了达到自己树立的目标，我很容易放弃眼前的利益和舒适。（　　）

49. 假若我是大学教授，我宁愿教实践课，而不愿教理论课。（　　）

50. 我为生活之谜所吸引。（　　）

填完之后，按照下表进行计算，得出总分。

题号	A	B	C	D	E	题号	A	B	C	D	E
1	−2	−1	0	+1	+2	26	−2	−1	0	+1	+2
2	−2	−1	0	+1	+2	27	−2	−1	0	+1	+2
3	−2	−1	0	+1	+2	28	−2	−1	0	+1	+2
4	+2	+1	0	−1	−2	29	+2	+1	0	−1	−2
5	−2	−1	0	+1	+2	30	+2	+1	0	−1	−2
6	+2	+1	0	−1	−2	31	−2	−1	0	+1	+2
7	+2	+1	0	−1	−2	32	−2	−1	0	+1	+2
8	−2	−1	0	+1	+2	33	+2	+1	0	−1	−2
9	+2	+1	0	−1	−2	34	+2	+1	0	−1	−2
10	+2	+1	0	−1	−2	35	−2	−1	0	+1	+2
11	+2	+1	0	−1	−2	36	−2	−1	0	+1	+2
12	+2	+1	0	−1	−2	37	+2	+1	0	−1	−2
13	−2	−1	0	+1	+2	38	+2	+1	0	−1	−2
14	−2	−1	0	+1	+2	39	+2	+1	0	−1	−2
15	+2	+1	0	−1	−2	40	+2	+1	0	−1	−2
16	−2	−1	0	+1	+2	41	−2	−1	0	+1	+2

续表

题号	A	B	C	D	E	题号	A	B	C	D	E
17	−2	−1	0	+1	+2	42	−2	−1	0	+1	+2
18	+2	+1	0	−1	−2	43	−2	−1	0	+1	+2
19	−2	−1	0	+1	+2	44	−2	−1	0	+1	+2
20	+2	+1	0	−1	−2	45	+2	+1	0	−1	−2
21	−2	−1	0	+1	+2	46	+2	+1	0	−1	−2
22	−2	−1	0	+1	+2	47	+2	+1	0	−1	−2
23	−2	−1	0	+1	+2	48	−2	−1	0	+1	+2
24	+2	+1	0	−1	−2	49	−2	−1	0	+1	+2
25	+2	+1	0	−1	−2	50	+2	+1	0	−1	−2

得分与创造力程度的对应关系为：80～100 分，非常有创造力；60～79 分，创造力高于平均水平；40～59 分，创造力一般；20～39 分，创造力低于平均水平；−100～19 分，创造力水平较低。由于影响创造力的因素不是单一的，所以，哪怕自测的结果不理想也不要灰心，因为创造力是可以后天开发的，要相信通过坚持不断地开发一定能释放自己的创造能力。

创新创业典型案例——影石 Insta360 全景相机的诞生

如今打开一些影视类 App（应用程序），很容易找到一些全景直播的内容，作为普通用户，我们如何拍摄出全景视频呢？影石 Insta360 全景相机帮我们实现了这个梦想，而影石 Insta360 全景相机背后那位将虚拟照进现实的人，是一位年轻有为的"90 后"。

刘靖康：全景相机领跑者　影石 Insta360 创始人

刘靖康是南京大学软件学院 2014 年的本科毕业生。他研发并创立的全景相机品牌 Insta360，目前已成为全景相机领域的佼佼者，旗下产品覆盖全景影像专业级与消费级市场,产品远销全球上百个国家和地区,广泛应用于旅游拍摄、新闻直播、赛事纪录、活动拍摄等多个领域。

2016年10月,在全国双创周深圳主会场上,Insta360相机为时任国务院总理李克强与创业者拍下第一张VR全景自拍,备受媒体关注。该项目也获得第二届中国国际"互联网+"大学生创新创业大赛亚军。2017年,刘靖康先后入选福布斯亚洲"30岁以下杰出人物"榜单、福布斯中国"30位30岁以下精英"榜单。

影石Insta360全景相机的诞生过程我们还要从头说起。刘靖康2013年9月在南京创业,一开始研发的产品叫"名校直播",是一款围绕院校名师讲座所做的视频直播产品。既然是视频直播,就要非常讲究现场感。然而,如果用手机直播,视频的清晰度不够高,用户观感不佳;如果用摄像机,那么一场直播可能需要多部摄像机,而且还需要走位,这样才能把现场的感觉很好分享出去,因为一部摄像机只能拍到现场的局部。

"我们的核心就是把当下的场景分享出去",刘靖康说。然而,从他过往的实践经历来看,无论是手机,还是传统的摄像机,都很难满足他的期望。

2014年,刘靖康注意到Airpano这个收集360°全景照片的网站,找到了可以即时、完整地把当下场景分享出去的钥匙——360°全景视频。而在当时,360°全景视频的内容供应量少,拍摄设备动辄十几万美元,非一般团队所能承担。刘靖康看到了一个"处女地",因此成立研发小组,开始研究360°全景视频的拍摄设备。

克服重重困难,经历多次失败,刘靖康团队终于成功地把产品研发出来。这款凝结了团队一年的心血,名为Insta360 4K的产品,有两颗230°超广角镜头,可以拍摄4K画质的视频和照片,并可以将画面实时拼接起来。

Insta360 4K的设计充分考虑用户的使用习惯。它采用了不间断电源的设计,可以直接插电源使用,也可以插着充电宝使用,还可以更换电源。设备体积和一部手机差不多,十分小巧。

除此之外,刘靖康团队还充分考虑到客户拍完视频之后,如何再把成品交给自己的客户的需求,设计了一套基于云的内容分发系统。这个分发系统兼容现在的主流平台。

数亿融资：源自不经意的转型

2014年4月，即将大学毕业的刘靖康，在网上看到AirPano团队（由俄罗斯摄影爱好者和专家组成）在澳大利亚上空拍摄的360°全景视频，当即被这种方式拍摄到的风景所震撼，"如果用这种方式记录、分享生活会非常有意思"。

但很快，他发现，全景视频制作过程很麻烦，需多部专业设备拍摄，后续还需耗时拼接，"成本高达数万，一般人玩不起"。

如果能研发一款消费级相机，岂不是大有市场？

彼时，刘靖康已创立公司，早在2013年，其团队推出围绕清华、交大等名师讲座的"名校直播"App，共进行了约300期直播，但这并没有妨碍他带领团队转型。

刘靖康告诉老师，当时团队正式员工连他一起只有两人，其余都是被他"忽悠"来的学弟学妹，因此这次转型相对轻松，何况团队并未放弃直播业务，只是拓展了新方向——研发360°全景相机。

但就是这次"不经意"的转型，奠定了日后公司在消费级相机行业的领先地位。

转型不久，投资商纷至沓来。2014年5月，团队获IDG、创业邦百万级天使投资；随后2015年3月获启明创投800万美元A轮融资；2016年3月获迅雷、峰瑞资本、启明创投、IDG数亿元B轮融资；2016年7月获苏宁集团战略投资。

看似风光无限的背后，却是困难重重的研发、生产之路。

困难重重的研发、生产之路

转型硬件类全景相机，并获IDG投资后，刘靖康说服了一批应届毕业的学弟、学妹投入相机研发中。然而，由于南京缺少便捷供应链，许多材料需从淘宝网购，几天才能到货，且到货时材料损坏严重。加之刘靖康是学软件出身，缺少硬件方面的经验与人脉，研发过程举步维艰。

2015年初，团队研发出第一款带三个摄像头的全景相机。刘靖康带相机北上，到北京见投资人。

事与愿违，当见到投资人准备路演时，相机却坏了！"当时，不知道怎么坏的！"刘靖康苦笑着回忆起当初的尴尬，后来他发现是动车太过颠簸，导致相机电路接触不良。

此后每次出差，他必带三样法宝：电烙铁、热熔胶、螺丝刀。他会随时检查相机，一旦出现故障，当即维修。

就这样，刘靖康带着三样法宝拿到 A 轮融资后，终于"有了钱"将公司迁到深圳，并招到一批硬件方面的人才。

然而，在深圳，虽然得到便捷的供应链与人才资源，但也陷入了更大的困境。

首款相机最终并未量产，因为，三个摄像头拍摄的画面难以拼接，且相机体积庞大不易携带。

此后，团队转向新品研发，并克服摄像头时钟无法同步等问题——几个摄像头同时拍下的视频，不可出现图像不同步的情况。此外还需要通过对视频原始数据的处理，令设备体积变小。"但深圳工厂缺乏全景相机的制作经验"，许多工序、工艺，团队需和工厂一同摸索。量产过程需要供应链管理、配合，存在诸如芯片、镜头部件的适配、散热等细节问题，导致产品上线日期一拖再拖。

几经波折，2015 年 12 月，影石 Insta360 终于推出企业级 VR 全景相机 4K Beta，具备 4K 视频拍摄能力，前后两颗 230°摄像头可完成 360°全景视频实时拼接，并配备相关 App，便于个性化操作。

但命运不一定眷顾努力的人。刘靖康告诉老师，很多问题，量产之前不知道，甚至量产之后都不知道，这甚至导致了日后的一次退货事故：产品推出不久，即遭各地经销商反馈镜头松动等问题。

事故原因在于产品胶粘剂选用不当，相机发热后胶体变软，导致相机内部松动。但由于内部有风扇，外壳摸起来并不烫，以至生产过程中并未察觉。影石 Insta360 为此召回了已发货的一百多台相机。

而在海外，影石 Insta360 缺乏拥有海外文化背景的销售团队，陷入营销困境，一时间，影石 Insta360 举步维艰。

路在何方？刘靖康接连数夜和公司高管商讨对策。

亡羊补牢，随着团队研发经验的积累，供应链的长期配合，影石 Insta360 终于摸索出一条相对成熟的研发、生产路线，减少了产品质量问题。同时，影石 Insta360 通过建立代理商机制、参加全球大型展会，通过建立合作伙伴关系

（如苹果、脸书、谷歌等），通过聘请外籍员工、建立海外分公司等方式，逐步解决了海外本土化营销困境。

2016年被称为VR元年。浪潮袭来，不少VR类产品借风上天，影石Insta360更是借势成为滩头弄潮儿。

2016年1月，影石Insta360登录美国CES（国际消费类电子产品展览会），即收到美国、澳大利亚、日本等国家和地区的订单。

2016年除夕，迅雷和影石Insta360签订投资协议，前后只用了两周时间。刘靖康告诉老师，当时和几家机构谈融资，但迅雷捷足先登。彼时迅雷正布局VR业务，而影石Insta360全景相机用于生产VR内容再适合不过，自然成了各机构的宠儿。

不仅如此，企业级全景相机4K Beta，更在2016"两会"期间大显身手，被各大主流媒体用于会议拍摄，影石Insta360迅速在业内走红。

课后思考题

1. 什么是创造性劳动？如何认识创造性劳动和重复性劳动的关系？
2. 大学生如何培育和提升自己的创造性劳动能力？

第三篇
劳动创造美好生活

第七章 劳动安全与劳动权益

1. 理解劳动安全和劳动权益的基本含义。
2. 增强劳动安全意识以及对自身劳动权益的维护。

近年来,我国 30~50 岁青壮年中出现了因长时间加班导致过度疲劳而猝死的"过劳死"现象。有专家呼吁某些行业的"996"工作制存在违法性,他们说劳动法需要一场"启蒙运动"。对此你如何理解和评价?

第一节 劳动安全

劳动是实现自身价值的重要依托和载体,然而,如果劳动者轻视劳动过程中的安全问题,将给劳动者的身心健康带来不同程度的危害和损伤。随着现代社会经济的快速发展和演变,劳动的具体形式呈现出多样化的趋势,劳动安全问题也变得更加多样和复杂。劳动安全问题一方面需要国家、各级地方政府出台相应的法律法规,各经济社会组织出台和履行切实可行的劳动安全保障措施;另一方面,需要全体劳动者从自身做起,在劳动过程中提高自我保护意识,积极防范劳动安全事故的发生。

一、劳动安全和劳动保护

劳动安全是指劳动者在生产劳动过程中的安全和健康未受到威胁和损害①。全面理解劳动安全的含义，不仅需要从保障劳动安全的多重主体立场去理解，还要了解劳动安全问题产生的原因。从不同主体来看，劳动安全保护是劳动者依法获得的基本劳动权利之一。在生产劳动过程中劳动者有权要求用人单位提供安全、卫生的劳动条件，以保护自身的生命和健康。加强劳动保护，实现安全生产，保护劳动者生命和身体健康是企业用人单位应尽的法律义务。国家可以通过制定一系列劳动保护的法律和法规，督促企业履行法律责任，保障劳动者的劳动安全。

在实际的生产劳动过程中，劳动安全问题的产生往往是多种因素综合作用的结果，需要综合治理。从造成劳动安全问题的原因看，既有人为的因素，由于劳动者个人缺乏安全知识和安全意识，操作失误而造成的安全事故，也有因生产环境和安全条件存在安全漏洞而出现的生产事故，还有人为因素和物的因素共同造成的事故。

我们将可能发生的劳动安全问题，按生产劳动岗位性质的不同，划分为以下5类：①在矿井中可能发生的瓦斯爆炸、火灾、水灾等；②在机械加工过程中可能发生的绞碾、电击伤等；③在建筑施工过程中可能发生的高空坠落、物体打击等；④在交通运输过程中可能发生的车辆伤害事故等；⑤在有毒有害作业过程中可能发生的职业病害等。除了上述因生产劳动的直接因素导致的劳动安全问题外，广义的劳动安全问题还包括由间接因素导致的安全问题，如劳动者工作时间太长会造成过度疲劳、积劳成疾，女工从事过于繁重的或有害妇女生理健康的劳动也会对女性劳动者造成伤害等。由此可见，保障劳动安全不仅指在生产劳动过程中要防止中毒、车祸、触电、塌陷、爆炸、火灾、坠落、机械外伤等危及劳动者人身安全的事故发生，还要防止由于不当的工作时间和工作强度造成的健康问题。因此，保障劳动者的劳动安全与卫生，不仅需要国家

---

① 徐国庆. 劳动教育［M］. 北京：高等教育出版社，2020：145.

制定相关法律法规，对用人单位的生产安全进行严格管理，还需要劳动者个人掌握必要的劳动安全知识，自觉遵守生产劳动安全规范，养成劳动安全意识，做好个人安全保护。

劳动保护，是指为保障劳动者在生产劳动过程中的安全与健康而在相关工作领域及法律、技术、设备、组织制度和教育等方面所采取的相应措施。为保护劳动者在生产劳动过程中的安全和健康，消除不安全、不卫生因素所采取的各种组织和技术措施，都属于劳动保护范畴，统称为劳动保护。在我国，劳动保护具有重大的政治、经济、社会意义，可以从以下3个方面去理解：①劳动保护是我们国家的一项重要政策，也是社会主义企业管理的一项基本原则。劳动人民是国家的主人，他们通过自己的劳动为国家创造巨大的物质财富，国家把对劳动人民在生产劳动过程中的保护放在重要位置。②劳动保护也是发展社会主义经济的重要条件。社会生产力是由人的因素和物的因素所构成的，而人在生产力能动性活动中发挥决定性作用，我们要保护和发展生产力，最重要的还是要保护劳动者，保护他们在生产过程中的安全与健康。③劳动保护是影响社会安定的重要因素。任何时候出现安全事故，不但会给国家经济带来损失，同时还会给家庭带来极大的不幸，甚至还会给社会带来不安定的因素，造成不好的社会影响。因此，政府要求把劳动保护工作贯穿企业生产劳动的全过程，做到减少和消灭工伤事故，保障劳动者的劳动安全，保证劳动者有适当的休息时间，减轻劳动强度，减少职业危害，实现安全生产和文明生产。

二、掌握必要的劳动安全常识

保证劳动安全是劳动者的权利，政府和企业有义务依法提供符合安全卫生标准的劳动条件。为了养成自我劳动安全意识，青少年要学会识别和掌握必要的劳动安全与卫生常识，主要包括安全色与安全标志、个人防护用品的相关知识与使用方法①。

---

① 周世宁．安全科学与工程导论［M］．徐州：中国矿业大学出版社，2005：11.

（一）安全色与安全标志的识别

安全色和安全标志是在特定工作环境中，为了提醒劳动者做好防护而设置的。每一种安全色、每一个安全标志都具有特定的含义，需要我们正确识别。

1. 安全色

按照我国安全色标准规定，安全色有红色、蓝色、黄色、绿色四种。①红色表示禁止、停止，用于禁止标志。例如，机器设备上的紧急停止手柄或按钮及禁止触动的部位都使用红色。红色有时也用于防火。②蓝色表示指令。③黄色表示警告和注意。如厂内危险机器标示和警戒线、戴安全帽警示等一般用黄色。④绿色表示安全状态或可以通行。例如车间内的安全通道、行人和车辆通行标志、消防设备和其他安全防护设备都用绿色。

2. 安全标志

安全标志分为禁止标志、指令标志、警告标志和提示标志四类。安全标志牌要求放在醒目的地方。

（1）禁止标志：含义为禁止不安全行为。其基本形式为带斜杠的圆形边框，圆环和斜杠为红色，图形符号为黑色，衬底为白色。

（2）指令标志：含义是强制必须做出某种动作或采用防范措施。其基本形式是圆形边框，图形符号为白色，衬底为蓝色。

（3）警告标志：提醒人们注意周围的环境，以避免可能发生的危险。其基本形式为正三角形边框，三角形边框及图形符号为黑色，衬底为黄色。

（4）提示标志：提供某种信息，如表明设施或场所安全。其基本图形是正方形边框，图形符号为白色，衬底为绿色。

（二）个人防护用品相关知识及使用方法

掌握个人防护用品相关知识对于预防事故伤害和减少职业危害具有重要意义。为了提高劳动安全意识，我们一方面需要了解劳动保护用品的使用场景、岗位，另一方面还需要了解个人防护用品的正确佩戴和使用方法。

我国实施以人体部位为依据的分类标准，将个人防护用品分为9类。

（1）头部防护用品。如安全帽、防寒帽等。为了防御头部受外来物体打击，安全帽的帽子、帽带必须符合规定，佩戴时必须系好帽带；帽内缓冲衬垫的带子要结实，人的头顶与帽内顶部间隔不能小于32毫米；每次使用前应认真检查安全帽，若发现有破损，要立即更换。进入施工现场，必须戴好安全帽。

（2）呼吸器官防护用品。如防毒面罩、防毒面具、防尘口罩、防尘面罩、医用口罩等。其作用为防止有害气体、传染性病毒从呼吸道进入人体，或直接向使用者供氧及提供新鲜空气。其中，防尘口罩和防尘面罩可有效防止粉尘吸入，而防毒面具则可防止有毒气体、蒸汽、毒烟等的吸入。使用防毒面具要注意正确选择防毒滤料。医用口罩对于预防病毒的进一步蔓延和扩散，起到了至关重要的作用。

（3）眼、面部防护用品。如焊接护目镜及面罩、炉窑护目镜和防冲击眼护具等。其用于预防烟、尘、火花、飞屑、化学品飞溅等伤害眼睛或面部。

（4）听觉器官防护用品。如耳塞、耳罩和防噪声头盔等。这些防护品用于防止噪声对人体的不良伤害。

（5）手部防护用品。如一般防护手套、防酸碱手套、防寒手套、绝缘手套等。在不适合以手直接接触机械、机具、液体以及可能导致手部伤害的情况下，必须戴上合适的手套。手套要与手型相符合，防止手套因过长而被卷入机器。

（6）足部防护用品。如防水鞋、防寒鞋、防静电鞋、防酸碱鞋、电绝缘鞋等。其作用是防止劳动中有害物质或外溢能量损伤劳动者的足部。

（7）防护服。如一般防护服、防水服、防寒服、阻燃服、防电磁辐射服等。防护服用于保护劳动者免受生产环境中的物理、化学、生物等因素的伤害。

（8）护肤用品。如防晒、防放射线、防油、防酸、防碱用品等。此类用品主要用于防止皮肤外露部分（面、手）受到化学、物理等因素的危害。

（9）防坠落用品。如安全带、安全网等。该类用品用于防止作业人员从高处坠落。

个人防护用品使用应注意以下事项：第一，要根据作业场所的危害因素以及危害程度，正确选用防护用品。第二，要重视教育培训，做到"三会"，即会检查防护用品的安全可靠性，会正确使用防护用品，会维护保养防护用品。第三，严禁故意或无故弃用防护用品，确保个人防护用品状况良好，如有损坏，应立即向管理人员报告，及时更换。第四，用于急救的呼吸器要定期检查，确保有效。同时，应将其妥善存放在可能发生事故的区域的邻近处，以便取用。

三、遵守劳动规程和劳动纪律

（一）遵守劳动安全卫生操作规程是劳动者应尽的义务与责任

在社会主义制度下，劳动者的权利与义务相互依存、不可分割，两者是统一的，任何权利的实现总要以义务的履行为条件。认真学习《中华人民共和国劳动法》（以下简称《劳动法》），不断增强劳动法律意识，劳动者才能懂得依法维护自己的合法权益。《劳动法》规定："劳动者在劳动过程中必须严格遵守安全操作规程。"国家制定的安全卫生操作规程，是劳动者在劳动过程中生命安全、身体健康的法律保证，也是进行正常生产活动、维持企业正常运转的保障。劳动者在劳动过程中既享有劳动保护的权利，又负有执行劳动安全卫生操作规程的义务。劳动者只有严格遵守安全卫生方面的规定，文明生产、安全生产，才能保障生产顺利进行，劳动者自身的生命安全和身体健康，也才有切实保障。

劳动者在劳动过程中要自觉执行劳动安全卫生规程，必须做到以下几点：①遵守劳动纪律。劳动纪律是组织社会劳动的基础。它要求劳动者在共同劳动的过程中遵守一定的规则和秩序，听从管理者的指挥和调度。它是每个劳动者按照规定的时间、质量、程序和方法完成自己所承担的生产任务或工作任务的行为准则。②遵守职业道德。职业道德是所有从业人员在职业活动中应遵循的行为准则，涵盖了职业与服务对象、职业与职工、职业与职业之间的关系。我国的职业道德是以为人民服务为核心的社会主义道德在职业活动中的体现。其基本要求是爱岗敬业、诚实守信、办事公道、服务群众、奉献社会。③执行劳动安全卫生规程。执行劳动安全卫生规程不仅对劳动者的生命和健康有利,也能防止、消除生产过程中的各种职业危害,保证生产顺利进行。

(二)大学生劳动安全防范措施

大学生应当经常参加生产劳动,学习并掌握一定的劳动技能,培养热爱劳动的思想品质。在劳动中,大学生须将安全放在第一位,做到遵守纪律、服从管理、听从指挥,不要随意行动。劳动时不要用劳动工具嬉笑打闹,互相追逐,以防对自己或他人造成伤害。

大学生在劳动中如何保护自己的安全呢?①服装得体。要换好适合劳动的衣裤、鞋帽、手套等基础防护性服装。衣裤、鞋帽要轻便、透气、舒适,手套要大小合适,材质适宜。②正确使用工具。要熟悉劳动工具的正确使用方法,避免因方法不当而对自己或他人造成伤害。③了解安全常识。准备工作中最重要的一项,就是要了解该项劳动的安全常识,避免在劳动中发生危险。④遵守劳动纪律。服从分配、听从指挥,在指定范围内参加劳动,不擅自改变有关规定。⑤虚心请教。掌握劳动工作要领不仅能提高劳动效率和质量,更能降低安全事故的发生概率。学生要做到认真听取老师或指导人员的操作讲解,牢记操作规程,领会劳动工作要领。在劳动过程中,要虚心接受指导,及时改正不正确的动作,遇到困惑要及时请教。⑥切忌蛮干,量力而行。每个人的体质和劳动能力有所差异,如身体素质及劳动能力不允许,蛮干会损伤身体,是不可取的行为。⑦远离危险物品。劳动时不要接触有害物质,如硫酸、农药等,不随便触摸电器及电源开关等。应远离没有防护装置的传送带、砂轮、电锯等危险劳动工具,以免发生意外。注意个人卫生,尤其是在劳动中接触了农药、化学品等有害物质时,要及时洗手,避免因不小心导致中毒或身体伤害。

第二节 劳动权益

维护劳动者合法权益能够保护劳动者的合法劳动行为,形成尊重劳动的文化氛围,有助于企业人力资源的积累,保障企业可持续发展,是我国构建和谐社会、实现中华民族伟大复兴的中国梦不可或缺的重要组成部分。

一、劳动权益的基本内涵

劳动权益是劳动者享有的权利与利益的简称,具体指劳动者作为人力资源的所有者,在劳动关系中,凭借从事劳动或从事过劳动这一客观存在而获得的应享有的权益。劳动权益包括平等就业和选择职业的权益、获得劳动报酬的权益、依法休息休假的权益、获得劳动安全卫生保护的权益、获得社会保险和福利的权益、接受职业技能培训的权益以及法律规定的其他劳动权益等。

(1) 平等就业和选择职业的权益是指有劳动能力的公民,均应当获得参加社会劳动的权利,并能够不受歧视地自主选择相应的职业。

(2) 获得劳动报酬的权益是指劳动者在合法履行劳动义务之后,有权获得与其劳动力价值对等的报酬。

(3) 依法休息休假的权益是指过度劳动或透支体力的劳动都不利于劳动者身心健康,对于可持续劳动过程会带来负面影响,因而依照法律相关规定,劳动者享有休息的权利。

(4) 获得劳动安全卫生保护的权益是指劳动者在劳动的过程中有权获得安全的工作环境以及必要的劳动保护用品,以保障本人的安全和健康,对于一些特殊的公众还应当配备专门的保护设施设备。

(5) 获得社会保险和福利的权益是指用人单位和劳动者必须依法参加社会保险并缴纳社会保险费,劳动者在满足对应条件时有获得社会福利的权利。

(6) 接受职业技能培训的权益是指从事技术工种的劳动者在上岗前必须经过培训,这既是技能提升和工作效率改进的需要,也是保护劳动者身心健康的需要。

二、大学生劳动权益的内容

大学生具有"劳动者"身份,理应合法享有相应的劳动权益,但作为兼有"在校学生"与"劳动者"双重身份的大学生,其劳动权益主要体现在劳动过程中。兼职打工、实习见习、毕业择业等不同劳动参与方式下的劳动权益内容会有所差别,分类了解有助于大学生针对性地维护自身合法的劳动权益。

(一)兼职中的劳动权益

大学生兼职是指大学生利用业余时间自愿为企业等用人单位提供体力或脑力劳动的劳动支出。大学生兼职活动形式多样,在时间上也有很强的自由性,大多发生在寒暑假或节假日期间。对北京市部分高校学生的调查结果显示,在兼职过程中仅有不到一半(48.6%)的大学生未遇到过任何侵权行为,多数大学生在兼职过程中遭遇权益侵害,如被故意延长工作时长、故意拖欠或克扣工资、被安排高强度工作等,甚至出现用人单位无视兼职大学生劳动期间受伤的情况,大学生兼职中的合法劳动权益保护不甚乐观[①]。

根据大学生兼职的法律性质可将大学生兼职种类划分为非全日制用工与劳务关系用工两种。非全日制用工形式与企业正式员工的全日制工作形式相对应,一般为大学生到企业兼职;劳务关系用工相比于非全日制用工形式更加灵活,劳动具有短时性的特点,如发传单、促销或家教等兼职活动。在两种用工关系中,兼职大学生都享有自愿订立劳动合同、约定工时限制、获得工资保障以及享受特殊工伤赔偿的权益。

第一,大学生与用人单位双方在平等协商的基础上应自愿订立劳动合同。劳动合同是劳动者与用人单位之间确立劳动关系、明确双方权利和义务的协议,具有法律约束力。合同订立后,大学生应依照合同要求接受用人单位的管理,根据相应工作安排付出劳动,同时享有合同规定的合法权益。

第二,大学生在兼职时有权与用人单位约定兼职期间工时限制。按照相关

---

① 麻雪松,孟婷玉,崔玉杰. 大学生兼职现状及相关问题的研究[J]. 智库时代,2018(24):290-291.

法律规定，非全日制用工，劳动者在同一用人单位一般平均日工作时间不得超过 4 小时；劳务关系性质的用工，单次工作时间虽然较长，但对于劳动双方的权利、义务关系有明确的规定，用人单位应依劳动合同的规定足额支付劳动报酬。

第三，大学生兼职有获得工资保障的权利。基于对劳动的尊重，同时为避免用人单位将大学生作为廉价劳动力甚至免费劳动力使用，《中华人民共和国劳动合同法》（以下简称《劳动合同法》）规定非全日制用工小时计酬标准不得低于用人单位所在地人民政府规定的最低小时工资标准。

第四，大学生兼职期间有权享有与工伤保险对等的工伤赔偿。由于兼职大学生身份的特殊性，兼职期间的社会保险不能简单套用一般劳动者社会保险管理规定。但大学生兼职仍有受工伤的风险，一旦发生，用人单位应按照工伤事故处理并给予兼职大学生一定的赔偿，保证大学生因劳动关系产生的利益得到落实。

（二）实习中的劳动权益

大学生就业实习，是指已修完学校规定学分即将毕业但尚未拿到毕业证和学位证的大三或大四学生，以就业为目的提前进入工作岗位工作。与兼职的情况不同，大学生就业实习的特点在于利用学籍时间，着眼于提升自身的实践能力与就业能力，而不是单纯地利用课余时间赚取劳动报酬。一般而言，大学生就业实习是基于学校的实践安排，而兼职则属于个人行为。随着劳动力市场就业压力增大，实习已成为大学生择业就业的重要途径，通过实习既能够提升大学生的实践能力，帮助大学生提前适应职场，同时有助于促进产教融合。然而，由于实习生身份与人事关系的特殊性，许多企业为降低用工成本，在规章制度、岗位职责等方面往往按照本单位正式员工的要求管理实习生，而在享有对等的劳动权益方面却尽显苛刻。

大学生在就业实习过程中除享有基本的签订劳动合同、获得劳动报酬等权益外，还应享有职业伤害保障权。这里的职业伤害保障权与兼职活动中的"特殊工伤赔偿"有所不同，属于社会保险的范畴。它是实习生在遭受职业伤害或疾病风险后获得救助的重要保障。

实习生在实习过程中通常发挥"顶岗"的作用，能够胜任一般工作的要求，但实习工资通常低于正式员工。鉴于实习生身份的特殊性，用人单位可以不为实习生缴纳养老保险、失业保险，但应强制、足额缴纳实习期间的工伤保险，切实保障实习生的劳动权益，使实习生在实习中免受职业伤害。

（三）就业中的劳动权益

大学生在毕业求职过程中一般更加重视简历的设计或求职技巧的提升，而对就业过程中个人合法权益保护的关注明显不足。目前，大学生就业中的劳动权益保障问题已逐渐成为广受关注的社会性问题。

《劳动合同法》是保障大学生就业权益的基本法律条文，大学生就业中的劳动权益主要包括劳动合同的签订、依法明确试用期限以及订立清晰的合同条款。

第一，劳动合同的签订。为了降低用工成本，逃避雇佣法律责任，一些不良企业不与劳动者签订劳动合同。由于刚毕业步入职场的大学生社会经验不足、法律意识淡薄，更容易面对这种情况。《劳动合同法》明确规定"用人单位自用工之日起即与劳动者建立劳动关系"，并且规定"建立劳动关系，应当订立书面劳动合同"。一旦毕业生在就业阶段发生侵权纠纷，除纸质劳动合同可作为有效证明外，任何口头协议都不利于大学生维护自身的合法劳动权益。

第二，依法明确试用期限。试用期是大学生入职之初与用人单位相互了解的过渡期。《劳动合同法》依据劳动合同的期限对试用期的期限有明确规定："劳动合同期限三个月以上不满一年的，试用期不得超过一个月；劳动合同期限一年以上不满三年的，试用期不得超过二个月；三年以上固定期限和无固定期限的劳动合同，试用期不得超过六个月。"由于大学生对试用期相关法律条款了解不够，一些用人单位随意延长试用期限，或者为降低用人成本，试用期满后随意解除已签订的劳动合同，致使大学生劳动权益严重受损。

第三，订立清晰的合同条款。一般在签订劳动合同的过程中用人单位处于主导地位，即由用人单位提前依照相关法律规定拟好合同文本，双方在达成一致后签订。有些用人单位在拟定合同条款时倾向于过多规定"劳动者的义务"和"用人单位的权利"，而很少在合同条款中涉及"劳动者的权利"和"用人单位的义务"。由于大学生初出校门，法律意识淡薄，他们对劳动合同中的不公平条款不够敏锐，甚至有些大学生即使意识到条款中的问题，为了"保住工作"也会选择被动签约。用人单位对合同条款的不平等规定及其在签约过程中与大学生地位的不平等为大学生就业后劳动权益的保障埋下隐患，一旦发生权益纠纷，很多大学生将处于被动状态。

三、合法劳动意识培养

要实现"坚持依法治国，推进法治中国建设"，就必须要对全体公民进行法治教育，最大限度增强公民法治意识。大学生作为社会主义建设中的公民主体，其合法劳动意识的培养对构建和谐劳动关系、维护社会稳定、促进经济持续健康发展有着重要的现实意义。

（一）学好相关法律法规知识

《劳动法》《劳动合同法》规定了劳动者合法权益的基本内容，是大学生在兼职、实习活动中维护自身合法权益的重要法律保障，因此大学生应主动学习相关内容。除了学习与劳动相关的法律法规外，大学生应当充分利用学校课程资源，重视相关法律课程的学习。大学生在校期间应提高自身认识，重视法律法规基础课程，明确课程的学习目标和培养方案，有的放矢地进行学习，而不能只为获得学分应付学习。另外，除专业课和法律基础必修课外，大学生还应当有意识地多方位摄取其他相关知识，如选择法规类选修课程，主动参加学校组织的普法教育活动等，要从认识上重视法律法规对自身的实际意义，注重相关知识摄取的实效，掌握与基本劳动相关的法律法规知识。

（二）维护兼职、实习与就业中的合法权益

在兼职、实习与就业的过程中，当自身合法权益受到侵害后，大学生应勇于面对被侵权的情况，运用掌握的法律法规知识主动尝试与用人单位进行沟通，明确双方的权责，尝试解决问题。当个人努力协调无果时，大学生还应积极寻求外在帮助。高校是大学生进入社会前法律意识培养和形成的重要场所，

也能在大学生合法权益受到侵害后提供保护。大多高校都设有法律指导援助机构，能及时为大学生提供就业指导与维权服务。当自身合法权益受到侵害后，大学生应积极求助于学校的法律援助机构，听取专业指导老师的意见，在学校的帮助下与用人单位进行沟通协调。除学校外，社会媒体、劳动权益部门等都可在大学生遭受侵权伤害后提供帮助。

总之，大学生在正式步入社会前可能会面临各种形式的劳动权益威胁，当自身合法权益受到侵害后，大学生作为"弱势方"要做到既不一味退让，也不鲁莽冲动，要发挥自身内在作用，同时积极寻求学校与社会的外在帮助，借助多方力量共同维护自身的合法权益。另外，大学生也要清楚地认识自己在兼职与实习活动中应履行的义务，诚实劳动，用实际行动为自己争取更多权益。

拓展阅读

《民法典》里劳动者权益保护的"那些事"

据封面新闻报道，某公司业务部门7名员工因业务不佳被罚吃"死神辣条"，后多人身体出现不同程度不适，其中两名女员工被送往医院，查出胃绞痛、胃炎。还有公司让员工吃"蚯蚓""芥末"等以惩罚业绩不佳的员工……近年来，"员工未完成业绩要打耳光""跪地爬""裸体跑"等类似新闻屡见不鲜，这实际上已严重侵犯到个体的人格权。

2020年5月28日，十三届全国人大三次会议表决通过了《中华人民共和国民法典》（以下简称《民法典》），自2021年1月1日起施行。从劳动者权益保护的角度看，《民法典》为保护劳动者权益补充了包括人格权等新内容。

第一，民事主体享有人格权。《民法典》第990条规定："除前款规定的人格权外，自然人享有基于人身自由、人格尊严产生的其他人格权益。"这是对我国宪法规定的"加强劳动保护"和"改善劳动条件"精神的贯彻，也是对《劳动法》规定的劳动者劳动权利的细化。因此，该条款实施后，人格权将得到更全面、更到位的保护。

第二，扩大了用人单位的主体范围。《劳动合同法》规定中华人民共和国境内的企业、个体经济组织、民办非企业单位等组织为用人单位，《中华人民共和国劳动合同法实施条例》进一步明确"依法成立的会计师事务所、律师事务所等合伙组织和基金会属于劳动合同法规定的用人单位"。而《民法典》中列出以下民事主体均可作为劳动法上的用人单位，应当对其招用的劳动者承担相应的法律责任：公司及各类企业等营利法人，事业单位、社会团体、基金会、社会服务机构（依法设立的慈善机构、宗教场所）等非营利法人，机关、农村集体经济组织、城镇农村合作经济组织、居委会、村委会等特别法人，以及业主委员会、个人独资企业、合伙企业等非法人组织。

第三，误解协议撤销及合伙人报酬更明确。《民法典》第152条规定，"重大误解的当事人自知道或者应当知道撤销事由之日起九十日内没有行使撤销权的，撤销权消灭"。根据条文规定，如果个人在职期间或离职时与用人单位签订了协议书，对内容存在重大误解的一定要在知悉该情形后九十日内行使撤销权，否则过期将无法维权。另外，针对合伙人提供劳动有无报酬的问题，《民法典》第971条规定："合伙人不得因执行合伙事务而请求支付报酬，但是合伙合同另有约定的除外。"也就是说，劳动者作为合伙人为合伙组织提供劳动，执行合伙事务，要特别注意在合伙合同中约定清楚是否支付报酬，否则事后不能依照《劳动法》的相关规定主张劳动报酬、缴纳社会保险等权益。

第四，用人单位有义务预防和制止性骚扰。《民法典》也涉及了职场的性骚扰问题，根据第1010条规定："违背他人意愿，以言语、文字、图像、肢体行为等方式对他人实施性骚扰的，受害人有权依法请求行为人承担民事责任。机关、企业、学校等单位应当采取合理的预防、受理投诉、调查处置等措施，防止和制止利用职权、从属关系等实施性骚扰。"

第五，劳动者履职造成的损害由单位先担责。此次《民法典》明确了"劳动者因履职造成的损害"的责任承担程序。其第1191条规定："用人单位的工作人员因执行工作任务造成他人损害的，由用人单位承担侵权责任。用人单位承担侵权责任后，可以向有故意或者重大过失的工作人员追偿。劳务派遣期间，被派遣的工作人员因执行工作任务造成他人损害的，由接受劳务派遣的用工单位承担侵权责任；劳务派遣单位有过错的，承担相应的责任。"现行规定下劳动者履职给用人单位造成经济损失的，只有双方劳动合同有特别约定时，用人单位才可以按照约定追偿，没有约定则缺乏维权依据。而《民法典》实施后，劳动者在履职中因重大过失给用人单位造成损失的，用人单位在对外承担赔偿责任后可以直接依法向劳动者追偿。也就是说，对劳动者来说，工作中需要更加谨慎、用心，严格按照操作规程履职，否则赔偿风险增加。

拓展阅读

情境一：小琳（化名）是一名在读的大二学生。暑假将至，她计划利用假期时间来做兼职，后经朋友介绍到当地一家饭店工作。在正式开始工作之前，小琳要求与老板签订临时雇佣合同，老板很爽快地答应，并很快准备了合同文书。合同约定兼职期间工资以小时为单位计，15元/小时，每天工作8小时。同时老板表示，由于假期客流量与工作量都较大，等到兼职结束时实际工资以每小时25~30元的标准结算。小琳担心老板口头上的承诺不算数，于是提出要求让老板改一下合同再签，老板称重新打印合同比较麻烦并提出直接在合同上修改金额。签订合同后小琳第二天就正式到店开始工作。然而工作没几天，老板就经常以迟到为由克扣小琳的工资，并且小琳常常日工作时间超过8小时。到结算工资时，小琳只拿到1500元，其余的老板都以迟到、工作不积极为由扣掉了。当小琳拿出合同准备讨回公道时，老板却说合同上修改的内容无效。

情境二：王洋（化名）是一名大四学生，毕业在即，为了尽快找到工作，他从最开始对职位精挑细选转变为后来看到待遇合适的职位就会投简历去尝试。王洋最终被一家制造业公司录用为实习生，负责数据录入的相关工作。公司承诺，实习期间每月支付王洋2500元的实习工资，若实习期间表现积极则在实习期满后将王洋转为公司正式员工，转正后月收入根据当月工作表现可达到4000~6000元。王洋暗自庆幸抓住了一个好机会，因此进入公司实习后表现十分积极。由于订单多、产品型号复杂，每日需要录入的数据量很大，实习期间王洋经常每日工作十多个小时，有时还会利用周末的时间加班工作。三个月后，王洋办理完毕业手续向公司提出转正申请，而公司却找各种理由告知他不能继续聘用，并要求王洋在一周内办理完离职手续。王洋理论无果，只要求公司把实习期间加班的费用一同结算，然而公司却对他的要求置之不理。无奈之下，王洋到当地劳动人事仲裁委员会申请仲裁，却被告知不属于受理范围。

　　上述两种情境在大学生实习、兼职的过程中频繁出现。情境一复现了大学生兼职过程中遭遇克扣工资、合同诈骗的情形；情境二复现了大学生实习期间加班工资支付的问题。遇到类似情况时大学生应如何维护自身合法权益呢？在情境一中，小琳希望通过签订合同保障自身利益的做法值得肯定，但在签订合同的过程中，小琳没有认识到对合同文本的直接修改没有法律效力，因此饭店老板对小琳承诺的实际实习工资不受法律保护。在这种情况下，小琳如果拿不出兼职期间证明自己实际工作时间的签到表，就只能按照合同约定获得兼职报酬。在情境二中，王洋在实习期间确有加班行为，但实习不同于已建立劳动关系，实习过程中的加班工资支付问题取决于劳动双方对加班工资支付的约定，如无约定则无须支付。由于王洋与实习单位未对加班工资有过约定，因此实习期间的加班费实际无法结算。

课后思考题

1. 大学生兼职时应如何维护自身合法权益？
2. 大学生就业实习中可能存在哪些侵权行为？
3. 你身边的同学和朋友是否曾经在兼职或实习中遭受过自身权益受到侵害的情况？他们是否采取了恰当的应对措施？

第八章　劳动与可持续发展

1. 理解可持续发展的意义及演变。
2. 明确可持续发展对劳动生活的正面影响。
3. 树立环保意识，积极参加环保公益活动。

近年来，我国大力推进可持续发展战略，大到清洁能源开发利用，小到垃圾分类投放，对此你有什么看法？如何做才能既有利于劳动产业升级，有利于经济建设，同时又有利于可持续发展？

第一节　可持续发展问题的提出及目标

一、可持续发展问题的提出

从 20 世纪 60 年代开始，随着环境问题的加剧和能源危机的出现，人们渐渐意识到把经济、社会和环境割裂开来谋求发展，必然会给地球和人类社会带来无法弥补的灾难。基于这种危机意识，可持续发展的思想在 20 世纪 80 年代逐步形成。

"可持续发展"一词最早在国际文件中被提及是在1980年的《世界自然资源保护大纲》中，其概念最初来源于生态学，指的是对资源的管理战略。之后可持续发展被广泛应用于经济学和社会学范畴，有了许多新的含义。

　　1983年11月，联合国成立了世界环境与发展委员会。1987年，由挪威前首相布伦特兰夫人领导的世界环境与发展委员会把经过多年研究和论证的报告——《我们共同的未来》提交给联合国大会，正式提出了"可持续发展"的概念和模式。在《我们共同的未来》报告中，"可持续发展"被定义为："人类有能力使发展持续下去，也能保证使之满足当前的需要，而不危及下一代满足其需要的能力。"[1] 这是一个涉及自然环境、经济技术、社会文化的综合的、动态的概念。该概念从理论上明确提出发展经济同保护环境和自然资源是相互联系、互为因果的观点。《我们共同的未来》包含两个非常重要的内容：一是对传统发展方式的反思和否定；二是对规范的可持续发展模式的理性设计。该报告指出："过去人们关心的是发展对环境带来的影响，而现在人们则迫切地感到生态环境的退化对发展带来的影响，以及国家之间在生态方面互相依赖的关系。"[2] 在对传统发展方式的反思和否定方面，报告明确提出要改变人类沿袭已久的生活方式和生产方式；就规范的可持续发展模式的理性设计而言，报告提出工业应当是高产低耗，能源应当被清洁利用，粮食需要保障长期供给，人口与资源应当保持相对平衡。

　　《我们共同的未来》对目前人类在经济发展和保护环境方面存在的问题进行了全面和系统的评价，对人类发展的进程进行了深刻反思。它提出的"可持续发展"理论得到了全世界各种文化背景和不同经济发展程度国家的普遍认同，并为1992年联合国环境与发展大会通过的《21世纪议程》奠定了理论基础[3]。

---

[1] 世界环境与发展委员会. 我们共同的未来[M]. 长春：吉林人民出版社，1997：10.
[2] 陈明，罗家国，赵永红，等. 可持续发展概论[M]. 北京：冶金工业出版社，2008：8.
[3] 陈明，罗家国，赵永红，等. 可持续发展概论[M]. 北京：冶金工业出版社，2008：9.

二、可持续发展目标及我国可持续发展现状

(一) 可持续发展目标

2015年9月25日,联合国可持续发展峰会在纽约联合国总部召开,联合国193个成员国在峰会上正式通过了《变革我们的世界——2030年可持续发展议程》成果性文件。这一包括17项可持续发展目标和169项具体目标的纲领性文件将推动世界在15年内实现3个史无前例的非凡创举——消除极端贫困、战胜不平等和不公正以及遏制气候变化。与此同时,中国秉持"创新、协调、绿色、开放、共享"五大发展理念,深入推进经济高质量发展,与可持续发展议程的目标高度契合,都是要实现更有效率、更加包容、更可持续的发展。当前,这一目标的实现面临各种挑战,只有全世界各个国家团结协作,以更加科学、更加合理的方式来推动,才有希望如期实现2030年可持续发展议程的各项目标[①]。

(二) 我国可持续发展现状

我国始终高度重视并全面落实可持续发展议程,在率先发布方案和进展报告的同时,还将其与"十三五"规划与"十四五"规划等中长期发展战略有机结合,取得显著成效。在扶贫领域,2020年我国现行标准下农村贫困人口全部脱贫,贫困县全部摘帽,贫困村全部退出,提前十年完成可持续发展议程的首要目标。在中国的倡议和推动下,联合国大会通过关于消除农村贫困的决议,把中国倡导的"精准扶贫""合作共赢""构建人类命运共同体"等理念与实践写入其中。这也是联合国大会历史上首次就消除农村贫困问题通过决议。我国在健康、教育、公共服务等领域的进展也尤为显著,婴儿死亡率持续下降,小学及初中教育普及率近100%,达到中高收入国家平均水平。在生态环境领域,2000年至2017年期间全球新增绿化面积的25%来自中国。截至2019

---

① 郭华东. 为全球可持续发展作出中国的实质性贡献[N]. 光明日报, 2020 - 09 - 26 (08).

年全国森林覆盖率达22.96%，森林面积2.2亿公顷，其中人工林面积0.8亿公顷，居世界首位①。我国在可持续发展方面的成就是全球可持续发展的重要组成部分。我国努力探索出的经济、社会与环境协调并进的可持续发展之路，为广大发展中国家提供了中国智慧和中国方案。我国积极深化"南南合作"，设立中国-联合国和平与发展基金、南南合作援助基金，并将我国主导的"一带一路"倡议与2030年可持续发展议程全面对接，为全球实现可持续发展目标作出积极贡献②。

第二节　环境保护意识与责任

一、环境保护的概念

环境保护是指为使自然环境和人类居住环境不受破坏和污染，能更适合人类生活和自然界生物生存而采取的措施。环境保护的内容主要包括：合理利用资源，防止环境污染；在产生环境污染后，做好综合治理；保护人群健康，促进经济、社会与环境的全面、协调、可持续发展。环境保护涉及经济学、法学、卫生学、地质学、化学、物理学、生物学、海洋学、水文学、土壤学、气象学、生态学、遗传学以及环境工程等各学科。环境保护所要解决的问题大致包括两个方面的内容：一是保护和改善环境质量，保护人类身心健康，防止机体在环境的影响下变异和退化；二是合理利用自然资源，减少或消除有害物质进入环境，以及保护自然资源的恢复和扩大再生产，以利于人类生命活动。

气候变化是一种严重的环境问题，它可以加剧其他环境问题，如损害生物多样性和加剧水资源短缺等。短期气候变化的影响导致气候规律紊乱和极端天气频发，在更长的时间范围内，气候变化还会导致全球温度升高和海平面上升。森林、矿产和淡水等自然资源的过度消耗和环境污染的不断加剧挑战着地球的承受能力。

---

① 全国绿化委员会办公室.2019年中国国土绿化状况公报[R].2019.
② 施成杰.全球可持续发展的中国贡献[N].人民日报（海外版），2019-10-25.

这些环境挑战不仅是对人类生存环境的破坏，同时也促生了很多经济和社会问题。如果未能迅速果断地处理，它们将日益损害经济增长和就业，而且可能使全世界在过去几十年取得的发展成果化为乌有。这个问题拖得越久，后果就会越严重。与环境恶化相关的成本上涨和破坏效应可能进一步削弱社会凝聚力，加剧当前许多国家面临的不稳定状况。这些问题引起大部分国家和社会组织的重视，它们利用法律约束或是舆论宣传逐步使全社会认识到环境保护的重要性。各国政府已针对气候变化，在保护生物多样性、保护水土、废物处理再利用及推广、可持续生产和消费模式等方面采取了诸多策略。而企业也在其经营、产品、服务及供应链等方面作出更加符合环境保护政策的改变。

二、劳动与环境的关系

环境的恶化和气候条件的不断变化将越来越急迫地要求劳动力市场作出反应并进行调整，如果不改变劳动方法、提高劳动效率，将对环境产生更加严重和无法弥补的破坏。劳动和环境的可持续发展关系密切。

温室气体浓度的升高将降低经济产出和劳动生产率水平。与气候变化相关的极端天气正在对劳动就业和劳动收入造成更加直接的损害。"锡德"飓风重创了孟加拉国数十万企业，对几十万劳动者造成了负面影响。失业（尤其是青年人失业）等社会问题会加大解决环境问题的复杂性。虽然环境挑战令人忧心忡忡，但是，解决这些矛盾可以为劳动环境和劳动者带来积极结果，并对促进发展提供巨大帮助。例如，对环境保护基础设施进行投资不仅可以创造就业机会，提高环境质量，还可以实现增收，提高劳动生产率。

劳动和环境的密切联系开始越来越多地被承认。国际劳工局局长在其2007年的报告中研究了体面劳动与环境之间的关系，并首次提出"绿色工作"的概念，同时发起了绿色就业的倡议。报告动员政府、雇主和劳动者为实现绿色就业和人人享有体面劳动的绿色经济开展对话，并一起制定连贯的政策和有效的计划。这种创新的劳动岗位对经济和环境起着重要的作用。这些绿色劳动岗位包括很多与环境保护有关的岗位，涉及降低能源和原材料消耗、限制温室气体排放、尽量减少垃圾和污染、保护和恢复生态系统，以及使企业和社区适应气候变化等。这些与环境保护相关的劳动岗位不仅能够为劳动者提供充足的收入和社会保障，还更加尊重劳动者的权利，大大降低劳动产生的不良环境影响，并最终实现企业和经济的可持续发展。

劳动形式的改变会引起就业水平及结构的变化，也可能对就业质量造成影响。新技术、新工艺和新方法的运用会引起劳动条件的改变，会减少劳动者面临的职业危害，促使大家从多学科角度研究复杂的环境问题，统筹考虑环境因素、劳动安全及公共健康之间的相互关系。注重环境保护的产品和服务往往需要更高的技能水平和知识储备，这就促使企业提供更加稳定的、正规的劳动岗位。同时，这类企业可能更多地提供平等的就业机会以及较高的劳动收入和社会保障。比如，可再生能源领域相关工作岗位可能要求的技能水平更高，但收入水平也会更高，劳动保障更好，劳动环境更舒适，安全保护措施更完善。

三、垃圾分类是环境保护的重要举措

垃圾分类，一般是指垃圾在投弃时，将其按类别分类，投入对应的收集器具的措施。垃圾的分类相对纯化，有利于提高垃圾中可再生物资的利用率，控制处理过程中的衍生污染。垃圾分类具有社会、经济、生态等方面的效益。

垃圾越来越多，且垃圾常常含有危险和有害物质，而很多垃圾没有得到卫生填埋、焚烧、堆肥等无害化处理，常常被简易堆放或填埋，不仅占用土地资源，还会导致臭气蔓延，并且污染土壤和地下水，对自然环境产生极大危害。垃圾分类可以提高资源回收利用率，使资源得到更充分的利用。同开采和加工原料相比，回收可以节省大量的能源。例如，回收再生铝可以节省95%的能源；回收钢材可以节省74%的能源；回收纸张也可以节省65%的能源。

与传统的将垃圾直接填埋或焚烧相比，垃圾分类与废物回收利用可以促进就业数量和质量的净增长。对传统的非正规拾荒者来说，只有当垃圾合理分类且回收正规化之后才能保证劳动者的安全，拾荒也才能成为一项真正的环保活动。

垃圾分类是处理垃圾公害的最佳方法。垃圾分类能够使人们学会节约资

源、利用资源，养成良好的生活习惯，提高个人的素质素养。一个人能够养成良好的垃圾分类习惯，也就会关注环境保护问题，在生活中注意资源的珍贵性，养成节约资源的习惯。因此，做好垃圾分类是环境保护的重要一环。

第三节　大学生劳动生活与环境可持续发展

一、劳动生活与环境可持续发展的关系

2012 年联合国可持续发展大会确立了劳动在可持续发展过程中的关键作用。大会肯定了绿色经济在可持续发展和消除贫困方面的作用，并强调必须把社会融合、创造就业和人人享有体面劳动作为可持续发展的目标。此项国际共识已经逐渐形成，越来越多的国家和企业采取行动，在促进经济增长、就业、社会包容与环保之间寻求良性互动，努力把握上述要素之间的此消彼长与相互作用。

我国的相关发展规划为绿色经济、低碳经济和循环经济制定了战略目标与措施，涉及的重点行业包括替代能源、环境保护、生物技术、高端设备制造等。这些行业创造了很多劳动机会，净增上千万个新的绿色工作岗位。发展更环保的可持续经济对就业的数量和质量都有影响，对收入水平和分配方式也会产生影响，尤其是当一些大公司甚至整个国家的经济发展模式发生根本转变时，可能会引发许多劳动岗位的变化。

在这种趋势下，当代大学生不能再把劳动生产和环境的可持续发展看作两个独立的部分，而应视其为密切关联的有机整体。这种思路可有效推进环境的可持续性发展，同时也可以帮助大学生抓住机遇，应对挑战，提高自身劳动能力，适应新的工作岗位和技能要求，赶上可持续发展的浪潮。

二、关于环境可持续发展的公益活动

（一）世界地球日

每年的 4 月 22 日是世界地球日。它是一个专为世界环境保护而设立的节

日，旨在提高人们对于现有环境问题的认识，并动员人们参与到环保运动中，通过绿色低碳生活，改善地球的整体环境，寻求可持续发展。1970年4月22日，美国举行了第一次地球日活动，这是人类有史以来第一次大规模的群众性环保活动。作为人类现代环保运动的开端，它推动了西方国家环境保护法规的建立，并在一定程度上促成了1972年联合国第一次人类环境会议的召开，有力地推动了世界环境保护事业的发展。现今，地球日的庆祝活动已发展至全球近200个国家，每年有超过10亿人参与其中，地球日也成为世界上最大的民间环保节日。从20世纪90年代起，我国每年都会在4月22日举办世界地球日活动。2020年地球日主题宣传活动周时间为4月20日至26日，主题为"珍爱地球，人与自然和谐共生"。中华人民共和国自然资源部组织开展"我为大自然代言"短视频、地球科技电影展播等线上示范活动。中国生物多样性保护与绿色发展基金会、中国环境基金会联合地球日网、中国网生态中国频道共同开展了一场全球性的线上行动，为地球祈祷，为自然发声。

（二）地球一小时

"地球一小时"也称为"关灯一小时"，是世界自然基金会于2007年发起的一个全球活动：号召个人、社区、企业和政府在每年3月最后一个星期六的20：30—21：30熄灯一小时，以此来激发人们保护地球的责任感，以及对气候变化等环境问题的思考，表明对全球共同抵御气候变暖行动的支持。"地球一小时"活动于2007年3月31日晚间8：30在澳大利亚悉尼市首次举办，当晚，悉尼约有超过220万户的家庭和企业关闭灯源和电器一小时。事后统计，熄灯一小时节省下来的电量足够20万台电视机使用1小时，5万辆车行驶1小时。很多参与的市民反映，当天晚上能看到的星星比平时多了几倍。随后，"地球一小时"活动以令人惊讶的速度席卷了全球。仅仅一年之后，"地球一小时"就已经被确认为全球最大的应对气候变化的行动之一，成为一项全球性并持续发展的活动。2008年"地球一小时"活动在中国启动后，也取得了积极的进展，很多中国企业和普通民众都积极参与到此项公益活动之中。

一、落实垃圾分类工作可采取的具体举措

在全国上下大力推动垃圾分类工作之际，如何做好个人生活垃圾的分类成为大家普遍关心的问题。具体做法有以下几点。

1. 了解垃圾分类方法

我们先要了解垃圾分类的标准有哪些，什么样的垃圾应归为一类。了解清楚后积极地付诸行动才能使后续的工作做起来简单。还可以一起玩垃圾分类的小游戏，准备迷你型的分类垃圾桶和垃圾卡片，在游戏互动中学会分辨垃圾。

2. 主动参与垃圾分类宣传

我们可以带头将社区公共区域的垃圾进行分类，这样可以带动一部分人参与进来，以自身的实际行动影响身边的家人和朋友。人们只有慢慢有了分类的意识后才会养成分类的习惯。带领大家分类的时候可以给大家普及分类的方法，比如告诉大家废纸张、废电池、腐烂的蔬菜水果等不能归为一类，这样可以让大家更了解垃圾分类的意义。

3. 丢弃垃圾前先做好分类

在家中，我们丢弃垃圾的时候要提前做好分类，养成随手分类垃圾的习惯。准备不同的垃圾桶和分类环保垃圾袋，把相应的垃圾投入不同的环保垃圾袋中。比如废纸、空瓶子属于可回收垃圾，剩饭、剩菜属于厨余垃圾，放入相应颜色的环保袋。生活中产生的有些垃圾其实是有毒或有害的（如废电池），在丢弃时千万不要和常见的垃圾放置在一起，一定要把这些有害的垃圾分开放置，放在专门的回收箱内，实现垃圾的分类放置。

4. 倡导源头减量

养成低碳环保、循环利用的生活习惯，积极参与"光盘行动""限塑令"等垃圾减量行动，自觉抵制过度包装，减少使用一次性用品，以实际行动减少垃圾产生。

垃圾分类，功在当代，利在千秋。让我们从现在开始，从身边做起，自觉开展垃圾分类，为环境可持续发展作出贡献。

二、适合大学生参加的环境保护公益组织

1. 世界自然基金会

世界自然基金会（WWF）是在全球享有盛誉的、最大的独立性非政府环境保护组织之一。该组织1961年成立，总部位于瑞士格朗，在全世界有超过100个国家参与的项目网络，并有超过500万名志愿者。其在中国的工作始于1980年的大熊猫及其栖息地的保护，是第一个受中国政府邀请来华开展保护工作的国际非政府组织。1996年，WWF正式成立北京办事处，此后陆续在全国多个城市建立了办公室。

WWF的使命是遏制地球自然环境的恶化，创造人类与自然和谐相处的美好未来。为此它致力于保护世界生物多样性及生物的生存环境，努力减少人类对生物及其生存环境的影响，确保可再生自然资源的可持续利用，推动降低污染和减少浪费性消费的行动。截至2021年，WWF共在超过150个国家投资超过13 000个项目，投入资金近100亿美元。这些项目大多数是基于当地问题。项目范围从赞比亚学校里的花园到印刷在世界各地超市商品包装上的倡议，从猩猩栖息地的修复到大熊猫保护地的建立。WWF在中国的项目领域也由最初的大熊猫保护扩大到物种保护、淡水和海洋生态系统保护与可持续利用、森林保护与可持续经营、可持续发展教育、气候变化与能源、野生物贸易、科学发展与国际政策等领域。

WWF在其网站提供了在线注册系统，有意愿不断学习环保知识、关爱自然与生活，热心公益并愿意与世界自然基金会携手的大学生及广大民众可以成为其志愿者。成为志愿者后可以通过网站提供的项目信息，获取WWF的活动通知和新闻简报，了解各项目的工作内容、范围和区域。志愿者可以参与WWF组织的各种活动，包括实地活动、在线活动，从而面向公众进行环保宣传。志愿者可以通过个人力所能及的环保活动，以身作则，带动并改变他人不良的生活习惯和方式，为改变地球的现状作出贡献。同时，WWF也向社会提供正式的工作岗位，希望有志于从事环保事业的人士加入，共同为中国乃至全球的环保事业作出积极的贡献。

2. 绿色和平组织

绿色和平组织简称绿色和平，是一个国际非政府组织。前身是1971年9

月15日成立于加拿大的"不以举手表决委员会",1979年改为绿色和平组织,总部设在荷兰阿姆斯特丹。

绿色和平宣称的使命为:"保护地球、环境及其各种生物的安全及持续性发展,并以行动作出积极的改变。不论在科研还是科技发明方面,都提倡有利于环境保护的解决办法。宗旨是促进实现一个更为绿色、和平和可持续发展的未来。"绿色和平组织在世界上40多个国家和地区设有分部,拥有超过300万名支持者。为了保持公正性和独立性,绿色和平组织不接受任何政府、企业或政治团体的资助,只接受市民和独立基金的直接捐款。绿色和平组织在世界环境保护方面已经贡献良多。

绿色和平东亚分部是绿色和平的一个地区分部,获国际绿色和平授权许可。作为发展中大国,中国对全球环境有着重要影响。绿色和平相信经济发展不应以破坏环境为代价。它立足中国,放眼全球,致力于以实际行动开拓一条绿色的发展道路。

绿色和平在全球范围内开展工作,在其网站提供招聘信息。绿色和平需要有奉献精神,能够适应辛苦工作,并有专业水平的个人,加入其环保团队,同时也招募志愿者以不同的形式协助绿色和平开展工作。有志者可以填写志愿者表格,申请加入。

课后思考题

1. 近年来,我国的可持续发展在哪些领域取得了长足进步?
2. 大学生应如何树立环境保护意识,践行责任?
3. 谈谈你参与过的环保公益活动的情况。

第九章　人工智能与未来劳动

学习目标

1. 了解人工智能的发展现状和未来趋势。
2. 认识人工智能的发展对未来劳动和未来就业的影响。
3. 树立人工智能时代正确的劳动观念,提高人工智能时代需要的劳动能力。

你理解的人工智能是什么?你身边有哪些人工智能产品,对你的生活有何影响?你认为人工智能在哪些方面可以代替人类?

第一节　人工智能的发展

一、人工智能时代的就业机遇与挑战

人工智能的发展对就业市场的影响是复杂且多维的。首先,对就业产生替代效应。智能化机器可以代替人来完成部分社会工作,成为劳动力的竞争者,甚至替代劳动力。其次,对就业产生创造效应。人工智能发展催生了一些新的职业或岗位,或是促进原有职业或岗位增加劳动力需求。再次,对劳动力市场

的技能需求产生了显著影响。许多传统职业对新技能的需求发生了变化，重复性、低技能劳动力将无法满足新岗位的需求，人们需要不断学习和适应新的技术，提升自己的数字能力、数据分析能力和创新思维等。与此同时，随着人工智能技术的广泛应用，具备与人工智能技术协同工作的能力也变得越来越重要。

面对人工智能时代的就业机遇与挑战，在这个变革的时代，高等院校需要重新思考育人与就业的关系，以确保在人工智能时代实现可持续的就业增长和社会进步。

二、人工智能时代对学习模式的挑战

人工智能的应用不仅改变了传统的学习方法和手段，更重要的是它们正在重构我们对知识的理解和应用方式。人工智能时代下的学习（人机交互），是人工智能在教学中最为直观的应用。智能教学系统和虚拟助教不仅能够帮助学生重塑学习体验，激发学习兴趣和动力，同时能够根据学生的学习行为和进度提供个性化的学习建议和即时反馈，实现真正意义上的"因材施教"。在人工智能的助力下，学习即跨界穿梭，人工智能不仅能够帮助学生建立更加全面、系统的知识体系，打破学习的知识壁垒，还可以帮助学生将不同学科的知识进行交叉融合，使学习在深度交融中发生。学生的学习不再局限于理论学习，虚拟仿真、数字孪生、增强现实等使得实践、应用、创新、创造成为可能，使学习在创造中发生。一方面，人工智能赋能学生学习和教师教学，另一方面，学生和老师的反馈将促进人工智能的优化和升级。这种双向赋能不仅为我们提供了智能、有趣、高效的学习环境，更加推动了教育创新与变革。

三、人工智能的发展趋势

2024年10月8日，2024年诺贝尔物理学奖授予约翰·霍普菲尔德和杰弗里·辛顿，以表彰他们为利用人工神经网络进行机器学习而作出的基础性发现和发明。这一荣誉不仅是对两位学者几十年研究工作的肯定，更标志着人工智

能技术正在从学术研究走向社会核心，深刻改变人类的未来。

实现从专用人工智能向通用人工智能的升级，是下一代人工智能研究与应用领域发展的必然趋势。人工智能尤其是通用人工智能研究是一门综合性、知识交叉的前沿学科，其发展需要与多学科深度融合，因此也必将促进相关学科的高速发展。

借鉴脑科学和认知科学的研究成果是人工智能的一个重要研究方向。该研究将人的作用或认知模型引入人工智能系统中，提升人工智能系统的性能，使人工智能成为人类智能的延伸和拓展，通过人机协同更加高效地解决复杂问题。随着生物学、脑科学、生命科学和心理学等学科的发展，人工智能将有长足的进步，同时人工智能也会促进脑科学、认知科学、生命科学，甚至化学、物理学、天文学等传统学科的发展。

人工智能领域的创新将随着技术和产业的发展日趋成熟，对生产力和产业结构产生革命性影响，并推动人类进入普惠型智能社会。未来在消费场景和行业应用的需求牵引下，人工智能技术与社会各行各业的融合将会提升运转效率，推动人类进入低成本、高效益、广范围的普惠型智能社会。

随着人工智能技术的进一步成熟以及产业界投入的日益增长，全球人工智能产业规模将进入高速增长期。预计到2030年，约七成以上的公司将采用至少一种形式的人工智能，人工智能新增经济规模将达到13万亿美元。人工智能技术的应用将为经济发展注入新动力，可在现有基础上将劳动生产率提高40%[①]。

2024年，英国发布《教育中的生成式人工智能》报告，新加坡推出了"生成式人工智能治理模型框架"，西班牙发布了《人工智能之于教师：一本开放性教材》手册，欧盟的《人工智能法案》也正式生效，人工智能的发展进入了新阶段。

---

① 谭铁牛. 人工智能的历史、现状和未来［J］. 智慧中国，2019（Z1）：89.

四、我国人工智能的发展

我国人工智能发展的总体态势良好，但是在基础研究、技术体系、应用生态、创新人才等方面仍然存在不少问题。我国高度重视并大力支持发展人工智能。习近平总书记在党的二十大、2018年两院院士大会等会议上多次强调要加快推进新一代人工智能的发展。截止到2023年，我国数字经济、智能经济增长对GDP增长贡献率达到62%；2023年，我国数据生产总量达32.85 ZB，位居全球第一位，我国算力总规模达到230 EFLOPS（EFLOPS是指每秒百亿亿次浮点运算能力），居全球第二位。

我国人工智能技术发展前景良好。全球管理咨询公司埃森哲于2017年发布的《人工智能：助力中国经济增长》报告显示："到2035年人工智能有望推动中国劳动生产率提高27%。"我国发布的《新一代人工智能发展规划》提出："到2030年人工智能核心产业规模超过1万亿元，带动相关产业规模超过10万亿元。"①

五、人工智能对现代劳动的影响

随着人工智能的发展，企业内部分工有被取消的趋势。现代劳动将在新一轮产业变革中不断突破传统分工对劳动的束缚。一种新型的劳动方式和劳动关系将会随之产生，其具体影响有如下几个方面。

（一）劳动替代效应明显

人工智能的发展主要有两个基本特征：一是基于自动化、智能化的机器人生产；二是基于信息技术和大数据的生产。人口红利将向人工智能红利转变，人工智能对劳动者的替代已经成为基本趋势。人工智能取代劳动力的主要表现是制造业的"机器换人"，例如，2012年至2015年，浙江利用"机器换人"战

---

① 谭铁牛. 人工智能的历史、现状和未来[J]. 智慧中国, 2019 (Z1): 90.

略已累计减少低端劳动用工近 200 万。随着无人工厂、无人超市、无人驾驶、无人快递等人工智能技术的推广运用，劳动的替代效应从传统制造业向餐饮零售等服务业蔓延，人工智能发展对就业的替代效应凸显①。

（二）实现全流程自动控制

人工智能时代的生产在大数据和机器学习的技术平台上开展，可以根据客户对产品的需求自行调整生产控制参数，不断优化产品的结构和质量，对机器和机器之间实行自动化调节和控制。这种"机器控制机器"的新生产方式，趋向于把劳动者完全从具体的生产过程中解放出来，实现生产的完全无人化，这必将对整个生产过程中劳动者扮演的角色、劳动者与机器之间的关系产生深远影响。

（三）简化劳动与失业威胁并存

人工智能技术的应用，既是人类劳动成果的体现，也是简化劳动的手段。人工智能可以使人们摆脱繁重、枯燥的劳动，同时会提高劳动生产率而大量节约劳动时间，相应地延长人们自由支配的时间，这有利于人们的自我发展和自我完善，促进人的全面发展。然而，企业在经济生产活动中不断追求利益最大化，人工智能节约的劳动可能直接导致大量劳动者失业。由于人工智能具有一定的学习能力，一些程式化的劳动将会被取代，从事相关工作的劳动者将面临失业的风险。有研究者指出："未来十年内，当机器对语言的理解能力达到人类平均水平时，如翻译、助理、销售、客服、会计、司机、家政等工作将被人工智能全部或部分取代，约一半的现有工作会受到人工智能的影响。由于人工智能在生产过程中发展的趋势，是尽可能替代人类劳动，这就意味着消失的劳动岗位会越来越多，劳动者再就业的可能性变小，失业将是绝对的、长

---

① 侯立正. 人工智能发展对未来劳动力就业市场的影响分析[J]. 中国集体经济, 2019(17): 22.

期的。"①

(四) 促使劳动者具有更高的知识水平

科学技术进步是人类智慧积累的体现，每一次科学技术革命，都会对劳动者本身的技能素质提出新的要求。人工智能是伴随计算机和网络技术的应用而发展起来的，其生产促使劳动者逐渐走向高知化。人工智能及其操控下的自动化设备替代了流水线上中低技能的重复性劳动岗位，甚至也替代了原本需求量很大的机器操控岗位（也就是所谓的技术工人），只留下了技术研发、机器维修等需要掌握更多知识的工作。建立在技术创新基础上的模块化生产竞争，要求劳动者普遍具有较高的知识水平和创新能力。因此，整个社会劳动者队伍的知识水平会越来越高，知识型、技能型劳动将成为社会劳动的主体，低知识储备、低生产技能的劳动者可能将逐渐退出生产领域②。

(五) 影响国际劳动合作

人工智能的模块化生产方式，使劳动生产的核心技术被分解成若干价值模块，同时相对降低了每个价值模块的技术门槛。伴随人工智能技术的不断发展，任何一个价值模块都有可能集中自身优势，取得技术突破，在国际竞争中获得优势地位，不断改变国际劳动分工。比如中国的移动支付对世界相关产业的技术升级和结构调整产生着深远影响。世界各地的劳动生产将以掌握核心技术的企业为中心，处于一个动态的分工合作的全球市场中。劳动合作的国际化客观上需要依托实体经济，在国际市场竞争中实现全球劳动技能的梯级发展，因此发达国家近些年出现了不得不向实体经济回归的迹象③。

---

①沈文玮. 论当代人工智能的技术特点及其对劳动者的影响［J］. 当代经济研究，2018（4）：66.

②沈文玮. 论当代人工智能的技术特点及其对劳动者的影响［J］. 当代经济研究，2018（4）：67.

③沈文玮. 论当代人工智能的技术特点及其对劳动者的影响［J］. 当代经济研究，2018（4）：67.

第二节 未来劳动

一、未来劳动的变化

人工智能将建立新的岗位结构，使劳动力市场两极分化日益凸显。人工智能的发展将改变工作本质，导致人力替代，促进就业结构的重建。人工智能的工作内容按照常规性程度高低可分为程序性工作、非程序性工作，按照技术对劳动的替代程度可分为体力类工作与认知类工作。首先受到冲击的是程序性体力类劳动者，比如生产工人、操作工人、分拣员工等。其次是程序性认知类劳动，比如翻译、校对、会计、信息处理、行政等，而非程序性的认知类劳动者和非程序性的体力类劳动者可能会受益。有学者提出所谓"5秒钟法则"，即如果人对一项工作可以在5秒钟内作出思考与决策，那么人工智能技术就可能全部或部分替代这项工作。因此，被替代可能性较大的职业有司机、记者、保安、客服、财务、翻译等。可见，人工智能替代的不仅是人的体力，还有人的智力。

随着人工智能的发展，社会对中等收入、中等技能的劳动岗位需求数量减少，对高收入的认知类劳动、低收入的体力劳动的岗位需求有所增加，就业人员结构发生变动，劳动力市场两极分化的趋势加剧。

二、未来劳动力市场发展趋势

劳动就业的概念将被重新定义。随着数字经济规模的不断扩大，数以亿计的劳动者以新的劳动方式、新的劳动观念参与到未来劳动中去，参与到智能经济中去。大量的临时劳动和独立劳动将涌现，个人可以同时拥有多个劳动身份，比如教师、店主、视频主播等，劳动就业将被重新定义。劳动就业形态从雇佣关系向交易型服务转变，劳动合同向服务协议转变，劳动内容由分享技能向价值交换转变[1]。

---

[1] 侯立正.人工智能发展对未来劳动力就业市场的影响分析［J］.中国集体经济，2019（17）：23.

重新界定劳动关系。在未来的劳动中，由于互联网经济的"去中心化"，劳动提供者和企业之间的雇佣关系变得更加灵活。大量的零工和独立承包人的出现，使现有的法规逐渐不适应新式劳动关系，对自我雇佣和自由职业者保护的匮乏，导致新式用工关系认定存在法律空白。相关部门应当把握劳动关系"人身从属性、经济从属性、组织从属性"的三个从属性判断标准，顺应新技术对劳动关系的改变，重新界定劳动关系，调整、完善相应的法律法规，切实保障灵活就业人群的劳动权益①。

三、人工智能发展对未来劳动就业的影响

人工智能将影响未来就业规模，替代效应和创造效应并存。

人工智能对就业的替代将有三个趋势：一是替代大量重复性、程序性的劳动，以及可以数字化和具有危险性的劳动，比如农业、采矿、纺织、翻译、救援、军事等领域；二是大部分劳动的智能化将通过人机协同方式实现，比如在金融、会计、教育、医疗等行业，大量劳动岗位将会被重新构筑，形成新的劳动模式，劳动者将负责认知性、创造性、灵活性的工作，人工智能和其控制的机器则负责体力性、程序性、重复性的劳动；三是技术进步对不同领域劳动的影响具有差异性，替代将呈阶段性渐进式发展。

人工智能的发展对劳动力市场的创造效应主要表现在以下几个方面：人工智能的发展促进经济规模不断扩大，经济规模的扩大将会创造更多的劳动岗位，需要更多的就业人口；人工智能的发展会催生新的产品、新的服务，带动新的需求、新的消费，塑造新的业态、新的市场，从而诞生新的劳动方式，创造新的职业和新的岗位。人工智能的发展提升了劳动生产效率：一方面居民收入增加，劳动时间缩短，享受型消费增多，有效总需求提高；另一方面生产成本降低刺激了消费需求，促进了生产规模的扩大，创造了更多的就业机会。人工智能的发展不断将市场规模扩大、交易半径延伸、市场分工细化，衍生创造出新的业态、新的模式、新的劳动，进而创造出更多新的就业机会。以大数据

---

① 侯立正. 人工智能发展对未来劳动力就业市场的影响分析 [J]. 中国集体经济，2019 (17)：23.

驱动为主要模式的人工智能产业需要大量数据学家、算法工程师以及数据处理技术人员。另外，高端服务行业岗位需求也将会增加，高水平医疗及教育产业的发展在全球范围内创造的新增岗位需求到 2030 年将达到 5000 万至 8000 万个[①]。

从短期来看，劳动力成本上升、劳动力人数减少、"人口红利"消失，人工智能发展将使企业投入的成本进一步降低，人工智能将会替代更多劳动密集型产业中的简单重复性劳动从业者。从中长期看，低技能劳动力被挤出的同时，人工智能发展将会创造出就业的新领域，更多高质量技能型岗位将会出现。

第三节　人工智能时代劳动教育的重要性

《中共中央 国务院关于全面加强新时代大中小学劳动教育的意见》明确指出劳动教育要体现时代特征。当人工智能正在重塑各行各业的形态，使我们从体力劳动以及一些常规性的脑力劳动中解放出来之后，我们就应该对劳动教育赋予新的时代内涵。劳动教育并不只是对某种生活技能的简单训练，更要在劳动实践中激发人们对自身主体价值的认知，让人们在劳动中感知生活的意义。人工智能与现代教育的深度发展，虚拟环境与现实环境的相互交融，使我们今天学习知识比以往任何时候都要便捷。但是知识的增长不一定带来能力的提升，如今强调劳动教育，就是要强调其认知性和实践性。

劳动教育在人工智能时代的重要性主要体现在以下三个方面。

一、树立正确的价值观

人工智能时代只是劳动的形式和方法被改变，劳动的重要性并没有被否定。弘扬劳动精神，爱岗敬业依然是中华民族引以为傲的美德。中华民族是勤

---

① 侯立正. 人工智能发展对未来劳动力就业市场的影响分析[J]. 中国集体经济，2019(17)：23.

于劳动、善于创造的民族。正是因为劳动创造，我们拥有了辉煌的历史；也正是因为劳动创造，我们拥有了今天的成就。正如习近平同志所说："幸福都是奋斗出来的。"① 实现中华民族伟大复兴的中国梦，让人民过上幸福的生活，都离不开劳动。我们要崇尚劳动、尊重劳动，培养勤俭、奋斗、创新、奉献的劳动精神，借助人工智能时代的新机遇，通过创造性劳动开创我们美好的未来。

二、提高人际交往与社会实践能力

人工智能技术的发展使得人们传统的交流方式发生改变，人机关系、虚拟和现实的关系正在成为人际交往的重要组成部分。人与人的交流已经不被时间、距离等物理因素所限制，但与此同时，对网络社交工具和游戏等的过度依赖在一定程度上使现实中的人际关系面临着前所未有的挑战。劳动教育通过家庭、校园、社区以及社会的劳动实践活动，可以很好地提升人在现实环境中的社会交往能力。在劳动实践中，我们也可以重新思考如何处理与他人、与社会的关系，通过这些实践活动提高自身的主体意识、合作意识、大局意识以及解决问题的能力。

三、提高创新创造能力

人工智能已经成为我们生活中不可或缺的一部分，当我们随时随地可以通过人工智能获取各种信息并找到解决问题的答案时，以人工智能为代表的数字时代也在改变着我们的思维方式。思想的成熟需要有一个持续不断的训练过程。如果碰到任何问题首先想到的是交给人工智能来解决，没有调查研究、没有独立思考的过程，没有个人的观点和办法，那么很难说我们的思想就是成熟的。劳动蕴含着人的智慧和能力，今天的劳动教育，更看重提高人的思考能力、创新能力和创造能力，这些能力正是人类在人工智能时代需要具备的核心

---

① 习近平主席十年新年贺词金句［N］.人民日报，2023-01-01（02）.

能力。只有具备这些能力才能战胜新技术、新形式带来的挑战，取得个人的成功①。

课后思考题

1. 你认为人工智能在哪些领域会带来劳动产业转型？
2. 人工智能对大学生劳动就业将有哪些影响？
3. 大学生在人工智能时代应该着重提高哪些劳动技能？

---

① 戴菁. 人工智能时代更需重视劳动教育 [N]. 学习时报, 2020-04-03.